Inhalt

1. Südafrika – die Lebenswende für einen jungen Rechtsanwalt

Langsam setzte sich der lange Zug von Durban nach Charlestown in Bewegung. Dicke, schwarze Wolken quollen aus dem hohen Schornstein der mächtigen Dampflokomotive, die jetzt rasch an Fahrt gewann und ratternd und schaukelnd über die letzte Weiche fuhr.

Der junge, schwarzhaarige Mann mit dem korrekten, englisch geschnittenen Anzug lehnte sich behaglich in die weichen Lederpolster zurück. Das Abteil der ersten Klasse, in dem er Platz genommen hatte, war geradezu luxuriös ausgestattet. Die Wände waren mit edlen Hölzern getäfelt, Messingbeschläge blinkten golden, die Lederpolster leuchteten in warmem Rot.

Draußen vor dem Fenster flatterten die letzten Qualmwolken vorbei. Fern am Horizont glitzerte in der tiefstehenden Abendsonne das Meer. Der junge Mann seufzte tief. Er hieß Mohandas Karamchand Gandhi, war vierundzwanzig Jahre alt und von Beruf Rechtsanwalt. Es schien ihm, als hätte mit der Fahrt über dieses Meer sein Leben endlich eine entscheidende Wende genommen.

Kaum eine Woche war es her, daß er an der Reling eines indischen Schiffes gestanden hatte, das langsam in den Hafen der südafrikanischen Stadt Durban eingelaufen war. Er hatte damals überhaupt noch keine Vorstellung gehabt, was ihn in diesem fremden Land erwarten würde. Über seinen Bruder hatte er das Angebot erhalten, für ein Jahr in den Dienst eines gewissen Dada Abdullah Sheth zu treten, eines reichen mohammedanischen Inders, der als Kaufmann in Südafrika ausgedehnte und gewinnbringende Geschäfte betrieb. Dada Abdullah hatte nach Bombay telegrafiert, daß er dringend einen indischen Rechtsanwalt benötigte. Nicht als Advokat, Rechtsgelehrte gab es in Südafrika schließlich genug, eher als Dolmetscher und Schreiber.

Denn da war dieser äußerst verzwickte Prozeß mit einem Konkurrenten: Tyeb Sheth hieß er, war ebenfalls ein Inder. Und bei solchen Prozessen war es sinnvoll, diesen südafrikanischen Anwälten einen Landsmann zur Seite zu geben.

Der junge Mohandas hatte dieses Angebot wie ein Geschenk des Himmels empfunden. Trotz des geringen Gehalts – freie Überfahrt und Verpflegung, dazu die kleine Summe von einhundertundfünf Pfund für das ganze Jahr – war ein solches Angebot immer noch besser, als weiter auf Kosten des Bruders zu leben, der sich bereits eine recht erfolgreiche Praxis als Rechtsanwalt aufgebaut hatte.

Schweren Herzens hatte Mohandas Gandhi also Abschied von seiner Familie genommen und war in Bombay auf das Schiff nach Durban gegangen. Dort wurde er schon im Hafen erwartet. Ein Diener von Dada Abdullah holte ihn am Schiff ab und geleitete ihn durch die Stadt zum Haus des reichen Kaufmanns. Doch der junge Inder achtete kaum auf den Weg. Er war überwältigt von der Schönheit dieser südafrikanischen Stadt. Weiße, lange Sandstrände, breite Boulevards und Parkanlagen, die sich in dem milden Klima das ganze Jahr hindurch ihr sattes Grün erhielten, die sanft bewaldeten Hügel in der Ferne, das alles wirkte auf ihn wie ein verheißungsvolles Omen.

Abends, nach dem ausgedehnten Essen, die Diener hatten gerade die letzten Reste wieder in die Küche getragen, kam Dada Abdullah schließlich zur Sache:

»Es geht um Geld, junger Freund. Genaugenommen um viel Geld. Vierzigtausend Pfund schuldet mir dieser Hundesohn, Allah verdamme ihn!«

Dada Abdullah winkte einem Diener, der ihm und seinem Gast eilig Tee nachschenkte.

»Wenn Sie sich ein wenig eingelebt haben, werden Sie weiterfahren müssen. Nach Pretoria. Das ist Burengebiet. Dort hat dieser Tyeb Sheth sein Geschäft, und dort werden wir den Prozeß führen müssen.«

»Und meine Aufgabe?« fragte Mohandas Gandhi schüchtern.

»Sie werden mein Kontaktmann sein. Ich habe gute Anwälte dort. Sehr gute sogar. Aber es sind Engländer. Ich brauche jemanden, der Inder ist wie ich. Mit dem ich reden kann, und der mir regelmäßig über die Fortschritte im Prozeß berichtet. Sie haben also eine wichtige Funktion, junger Freund. Sie vertreten mich dort. Ich hoffe, Sie wissen das zu würdigen.«

Gandhi schluckte. »Sollte ich nicht . . ., ich meine, Tyeb Sheth ist doch ebenfalls Inder. Ich könnte vielleicht mit ihm reden und . . .«

»Kein Wort zu Tyeb Sheth!« brauste Dada Abdullah auf. »Dieser Mann ist ein Hundesohn, jedes Wort, das wir mit ihm wechseln, wird er gegen uns ausnützen. Nein, das Palavern hat jetzt ein Ende. Nun wird prozessiert!«

Dada Abdullah starrte verbittert vor sich hin. Doch dann wandte er sich wieder mit einem wohlwollenden Lächeln seinem Gast zu.

»Sie sind jung. Jung und unerfahren. Sie werden noch viel lernen müssen. Richten Sie sich nur nach meinen Anweisungen. Und nach denen meiner Anwälte natürlich. Dann wird alles zu meiner Zufriedenheit erledigt werden, und Sie machen unbezahlbare Erfahrungen. Glauben Sie mir, junger Freund. In diesem Land ist manches ganz anders, als es vielleicht am Anfang auf Sie den Eindruck macht. Hier braucht man Geduld und Fingerspitzengefühl.«

Wie recht Dada Abdullah hatte, das konnte Mohandas Gandhi in seinen ersten Tagen in Durban sehr bald feststellen. Hier war tatsächlich manches anders, als er es aus Indien gewohnt war. Südafrika unterstand der englischen Krone, ebenso wie Indien. Und doch war der Umgang zwischen den Menschen hier anders. Offensichtlicher noch als in Indien war die Bevölkerung in zwei Klassen aufgeteilt, in Weiße und Farbige. Die Weißen waren die Herren, die Farbigen hatten demütig zu sein. Diese Haltung war überall spürbar. So auch bei einer Gerichtsverhandlung, die Mohandas als Zuhörer besuchte. Scharf wurde er vom Richter angefahren, seinen Turban abzusetzen, und als er sich weigerte, wurde er aus dem Saal gewiesen.

Dada Abdullah nahm Mohandas aufgeregten Bericht über diesen Vorfall mit Gleichmut auf.

»Das ist nicht ungewöhnlich hier«, schmunzelte er. »Die Engländer fühlen sich hier als die Herren. Und sie glauben oft, daß sie keine Rücksicht auf unsere Sitten zu nehmen brauchen. Trotzdem, damit kann man leben. Doch warten Sie ab, bis Sie in das Burengebiet kommen . . . – nun, Sie werden Ihre Erfahrungen selbst machen müssen.«

Das Burengebiet war nun das Ziel seiner Reise. Mit der Bahn ging es nach Charlestown in der Burenrepublik Transvaal, dann weiter mit der Postkutsche nach Johannesburg und schließlich wieder mit dem Zug weiter nach Pretoria. Vierundzwanzig Stunden würde er unterwegs sein.

Mohandas Gandhi holte die Prozeßunterlagen aus seinem Reisegepäck, um sich auf seine Gespräche mit den Rechtsanwälten vorzubereiten. Ein komplizierter Fall war das. Doch immer wieder schweiften seine Gedanken ab, während er die Papiere durchging. Weit komplizierter noch als dieser Fall waren die sozialen Verhältnisse in diesem Teil der Welt. Er mußte versuchen, sie zu verstehen. Und ein erster Schritt dazu war, wenn er sich vergegenwärtigte, wie es zu diesen Verhältnissen gekommen war.

2. Rückblick in die Geschichte Südafrikas

Am 8. Juli 1497 verließ der Seefahrer Vasco da Gama seinen Heimathafen Lissabon, um einen Seeweg nach Indien zu suchen. Indien, das war der Traum aller Europäer. Seit Kaufleute in dieses ferne Land vorgestoßen waren und mit Maultierkarawanen begehrte Gewürze aus diesem fernen Land brachten, hatte sich das Gerücht vom sagenhaften Reichtum Indiens wie ein Lauffeuer in Europa verbreitet. Welch ein Jammer, daß sich auf dem Rücken von Pferden und Mulis nur so wenig Waren transportieren ließen. Wieviel besser würde man die Schätze Indiens ausbeuten können, wenn es gelänge, einen Seeweg dorthin zu finden.

Den ersten Versuch hatte Columbus gemacht. Ausgehend von der Idee, daß die Erde eine Kugel sei, war er mit seinen Schiffen einfach nach Westen gefahren. Dabei hatte er zwar Amerika und die »Westindischen Inseln« entdeckt, aber nicht den Seeweg nach Indien.

Vasco da Gama war überzeugt, diesen Weg finden zu können, wenn er Afrika umsegelte. Weit im Süden gab es eine Möglichkeit, diesen riesigen und noch weitgehend unbekannten Kontinent zu umschiffen. Das hatte sein Landsmann Diaz schon vor zehn Jahren bewiesen. In einer gefahrvollen Reise hatte er die Südspitze Afrikas erreicht, war dann aber von seiner meuternden Mannschaft zur Umkehr gezwungen worden.

Vasco da Gama war erfolgreicher. Seine Mannschaft unterstützte ihn. Denn das unbekannte Meer hatte durch die Reise von Diaz bereits viel von seinem Schrecken verloren. Vier Monate nach der Abfahrt in Lissabon landeten drei große Segler in der St.-Helena-Bucht. Nach kurzer Rast umrundete man das Kap und landete Weihnachten 1497 an einem schmalen Küstenstreifen, den der Portugiese als Erinnerung an das Datum »Natal« nannte.

Doch das Land interessierte Vasco da Gama nicht. Er war nicht als Eroberer gekommen, er war Seefahrer. Und so war auch sein Verhältnis zu den Eingeborenen von freundlicher Neugier geprägt.

»Wir fingen einen Eingeborenen«, notierte ein Reisebegleiter in seinem Tagebuch, »der von kleiner Statur war, und nahmen ihn mit aufs Schiff. Der Kommandant gab ihm zu essen, ließ ihn schöne Kleider anziehen und setzte ihn wieder an Land.«

Für die europäischen Kaufleute erwies sich der von Vasco da Gama entdeckte Seeweg als Goldgrube. Handelsgesellschaften entstanden, deren einzige Aufgabe der Indienhandel war. Der Weg rund um das sogenannte »Kap der guten Hoffnung« war allerdings immer sehr gefährlich. Die Seeleute konnten auf der langen Fahrt keinen frischen Proviant aufnehmen. So erkrankten viele von ihnen an der Mangelkrankheit Skorbut, denn der trockene Schiffszwieback und das gesalzene Fleisch füllten zwar die Mägen, versorgten die Körper aber nicht mit den lebenswichtigen Vitaminen.

So schickte im Jahre 1652 die mächtige Niederländisch-Ostindische Kompanie ihre beiden Schiffe »Drommedaris« und »Goede Hope« mit einer wichtigen Mission zum Kap. Unter ihrem Kommandanten Jan von Riebeck sollte die Mannschaft einen Stützpunkt für die Handelsflotte errichten, an dem Wasser und frische Nahrung aufgenommen werden konnte. Am 6. April landeten die beiden Schiffe in einer kleinen Bucht nördlich des Kaps, »bei schönem, warmem Wetter«, wie das Logbuch vermerkt.

Dieses schöne Wetter war jedoch nicht etwa der Vorbote eines nahenden Sommers. Hier unten, auf der südlichen Halbkugel, war es Herbst. Die Pflanzzeit war längst vorüber.

Daran hatte keiner gedacht. Auch nicht die klugen Herren der »Kompanie«. Zudem war der Boden nur mit einer dünnen Humusschicht bedeckt und eignete sich eigentlich besser zur Viehzucht als zum Gartenbau und zur Feldwirtschaft. Die Siedler hatten zunächst ein recht kärgliches Leben vor sich. Erst in einem halben Jahr würde man den Boden bebauen können. Und auch dann konnte es noch Monate bis zur ersten Ernte dauern.

Noch etwas gab es, was die Holländer bei der Planung ihres Unternehmens offenbar übersehen hatten. Das Land am Kap war keineswegs menschenleer. Es gab eine ansässige Bevölkerung, merkwürdige, völlig »unafrikanische« Menschen. Hellhäutig waren sie, Besitzer großer Viehherden, mit denen sie über die mageren Steppen zogen, immer auf der Suche nach guten Weideplätzen. »Hottentotten« nannten die europäischen Eindringlinge verächtlich diese Menschen, »Stotterer«, denn ihre Sprache mit den vielen Schnalzlauten klang allzu merkwürdig und komisch.

Aber diese Hottentotten hatten das Vieh, das man in der Kolonie so dringend benötigte. Die Holländer zögerten nicht lange. Schon vier Tage nach der Landung ihrer Schiffe kam es zu den ersten Auseinandersetzungen mit »den Wilden«, denen man sich überlegen fühlte und deren Eigentum man folglich auch nicht respektierte. Die Europäer raubten Vieh, wo es möglich war. Die Herde der kleinen Kolonie wuchs, und schon bald begannen die Bauern, die »Buren«, wie sie sich selbstbewußt nannten, auf der Suche nach Weideplätzen immer weiter ins Land vorzustoßen.

Neue Schiffe mit Siedlern landeten, und in andauernden Kämpfen mit der einheimischen Bevölkerung weitete sich der Einflußbereich der ehemaligen Versorgungsstation rasch aus. Als Arbeitskräfte kaufte man Sklaven aus dem nördlichen Afrika, das schon fest in der Hand der Kolonialmächte war, oder man unterwarf die eingeborenen Stämme.

Und dann kam der Tag, an dem die Nachricht von der französischen Revolution die Kapkolonie erreichte. Die selbstbewußt gewordenen Buren sagten sich von ihrem niederländischen Mutterland los und gründeten eine Burenrepublik.

Das war ein schwerer Schlag für die Herren im holländischen Mutterland. Konnte man sich denn noch sicher sein, daß diese revolutionären Buren auch weiterhin die Schiffe der Ostindienkompanie mit Proviant versorgen würden? Insgeheim wurden Abgesandte nach London geschickt, um dort mit der britischen Krone zu verhandeln. Die englische Flotte, so rechneten die Kaufleute, würde mit dem abtrünnigen Gesindel schon aufräumen.

Die Engländer ließen sich nicht lange bitten. Sie landeten an der südafrikanischen Küste, lösten die selbständige Burenrepublik auf und kerkerten die Anführer des Aufstandes ein. Und – nun schon einmal im Land – sie unterstellten Südafrika kurzerhand der britischen Krone.

Die Buren ertrugen diese neue Herrschaft nur widerwillig. Durch britische Gesetze fühlten sie sich gedemütigt. Und als London 1833 die Sklaverei verbot, wurden sie sogar ihrer Arbeitskräfte beraubt.

Im Jahre 1836 setzte sich in der Kapkolonie ein Zug von zweitausend Männern, Frauen und Kindern mit großen, von Ochsen gezogenen Planwagen und einer riesigen Viehherde in Richtung Norden in Bewegung. Die Buren hofften, dort neuen Siedlungsboden zu finden und so der britischen Herrschaft zu entgehen. Im fruchtbaren Küstenland von Natal ließen sie sich schließlich nieder und gründeten erneut eine Republik, diesmal mit der Hauptstadt Pietermaritzburg.

Doch die Briten setzten nach. Bereits neun Jahre später mußten die Buren sich wieder auf die Wanderung machen, hinweg über die Drakensberge, immer verwickelt in Kämpfe gegen die nachfolgenden Briten. Schließlich gab London auf. Der Krieg gegen die störrischen Buren und auch gegen ansässige Eingeborene war für die Krone zu einer ungeheuren finanziellen Last angewachsen. So wurde schließlich die Selbständigkeit zweier Burenstaaten anerkannt, der Republik Transvaal und des Oranje-Freistaates.

»Wie gesagt, Sie werden die Buren bald kennenlernen!« hatte Dada Abdullah trocken gesagt. »Sie sind ein ganz eigenes Volk. Stolz und hochmütig. Vielleicht sind sie durch die lange Wanderung so geworden, durch den langen Kampf, bis sie endlich ihren Staat hatten. Außerdem glauben sie an den Christengott. Sie sind Fanatiker. Lehnen jede andere Religion ab. Halten sich für besser!«

Der junge Mohandas Gandhi hatte mit zunehmender Unruhe den Worten des Kaufmanns gelauscht. Das alles war fremd für ihn, die Worte Dada Abdullahs hatten zuletzt sogar etwas bedrohlich gewirkt, so, als wäre die Reise nach Pretoria wie eine Expedition in Feindesland.

»Wird meine Reise gefährlich?« hatte Mohandas beklommen gefragt.

Dada Abdullah hatte darauf nur dröhnend gelacht.

»Gefährlich? Nein, sicher nicht. Sie müssen nur an eines denken. Die Buren mögen uns Inder nicht. Uns nicht – und die Schwarzen noch weniger. Die sind für sie wie Vieh, Sklaven oder wie kleine Kinder, die man an der Hand nehmen muß, denen man Arbeit gibt und die man kontrollieren muß.«

Dann hatte er einen tiefen Schluck aus seinem Teeglas genommen. »Und was die Schwarzen angeht, ganz unrecht haben sie dabei nicht!« hatte er schließlich geringschätzig hinzugefügt. »Aber auch uns Inder betrachten sie als Farbige. Nennen uns Kulis. Und dulden uns nur, weil wir mit ihnen Geschäfte machen. Gute Geschäfte. Und weil es Inder gibt, die in den Goldminen arbeiten. Dazu brauchen sie uns. Aber sonst, sonst sind wir genauso Menschen zweiter Klasse für sie wie die Schwarzen.«

Mohandas dachte mit sehr gemischten Gefühlen an dieses Gespräch zurück. Er steckte die Prozeßakten, auf die er sich ohnehin nicht konzentrieren konnte, wieder in die Reisetasche. Wenn er die Sache recht bedachte, hatte er Angst vor der Begegnung mit den Buren. Daran konnte auch die Bemerkung nichts ändern, mit der Dada Abdullah ihn schließlich noch hatte beruhigen wollen: »Man muß sich nur etwas anpassen, darf den Weißen nicht in die Quere kommen, dann kann man in diesem Land recht gut leben. Nun, Sie werden Ihre eigenen Erfahrungen machen.«

3. Erste Begegnung mit den Buren

Die Lokomotive verringerte ihre Geschwindigkeit. Mohandas schreckte auf. Draußen war es dunkel geworden. Nur noch schemenhaft konnte er Akazienbäume erkennen, die links und rechts der Gleise standen. Er zog seine Taschenuhr aus der Weste und klappte den Deckel auf. Gleich neun Uhr. In wenigen Minuten würde der Zug in Pietermaritzburg sein. In dieser Station wurden die Abteile für die Nacht gerichtet, während Bahnbedienstete an der Lokomotive frisches Wasser und Kohlen nachfüllten.

Mit kreischenden Bremsen lief der Zug im Bahnhof ein. Der Bahnsteig bestand aus gestampfter Erde, dahinter ein Holzhaus, an dem müde einige Öllampen brannten. Ein Schwarzer in Uniform kam den Gang entlang und öffnete die Abteiltür.

»Wünschen Sie ein Bett, mein Herr?«

Mohandas schüttelte den Kopf. Diese zwanzig Schilling würde er seinem Auftraggeber ersparen. In einem bequemen Abteil der ersten Klasse konnte er auch so die Nacht überstehen.

Wieder öffnete sich die Abteiltür. Dieses Mal stand ein Weißer auf dem Gang. Verwundert und, wie es schien, auch ärgerlich starrte er den jungen Inder von Kopf bis Fuß an, dann drehte er sich abrupt um und ging mit schnellen Schritten den Gang hinunter.

»Er holt jetzt den Schaffner!« flüsterte der Schwarze sichtlich erschreckt.

»Den Schaffner?«

»Ja, mein Herr. Sie sind doch Inder und . . . sicher sind Sie neu in unserm Land?«

Die Uniform des Schaffners tauchte auf. Ein großer, kräftiger Mann steckte darin, mit einem breiten, gutmütigen Gesicht, auf dem sich nun allerdings deutlicher Ärger widerspiegelte.

»Steh auf, Kuli, du hast hier nichts zu suchen!« fuhr er Mohandas scharf an.

»Aber ich habe eine Fahrkarte!« Der junge Inder hielt dem Schaffner die Karte entgegen, aber der warf keinen Blick darauf.

»Wir mögen keine Kulis in der ersten Klasse. Du kannst im Gepäckwagen weiterfahren. Der ist gut genug für einen wie dich!«

»Das werde ich nicht tun!« Mühsam rang sich Mohandas diese Worte heraus. Größer noch als alle Schüchternheit war seine Empörung über diesen Vorfall. Wie konnte es dieser Mann wagen ...

»Das wirst du doch tun, Kuli! Wenn ich erst den Schutzmann hole, steigst du nämlich hier aus!«

Mohandas richtete sich auf.

»Ich habe eine Fahrkarte der ersten Klasse«, sagte er mit einer Stimme, der er vergeblich einen festen Klang zu verleihen suchte, »ich habe sie bezahlt, und ich werde sie benutzen. Und deshalb werde ich auch bis zum Ende der Fahrt hier sitzen bleiben. Bis Charlestown.«

Der Schaffner lachte laut. Und wenige Augenblicke später fand sich Mohandas, unsanft gestoßen, auf dem Bahnsteig wieder. Seine Gepäckstücke kamen hinterhergeflogen, dann setzte sich der Zug mit lautem Pfeifen in Bewegung. Verbittert verfolgte Mohandas mit den Augen das rote Flackern der Schlußleuchte, bis der letzte Wagen in der Ferne hinter einer Hecke verschwand.

Mühsam rappelte er sich auf, suchte seine Gepäckstücke zusammen und trottete in die Wartehalle des kleinen Bahnhofsgebäudes. Der Bahnhofsvorsteher wartete schon in der Tür auf ihn.

»Ich nehme dein Gepäck, Kuli«, sagte er mit anzüglichem Grinsen, »ich nehm's zu mir ins Büro. Dort ist's sicher. Und du kannst in aller Ruhe auf den nächsten Zug warten. Und nachdenken. Ja, ich glaube, das solltest du tun!«

Es war kalt in Pietermaritzburg. Im Winter konnte hier im Vorland der Drakensberge ein eisiger Wind wehen, der sich auch durch die Ritzen und Spalten in der Wand des Bahnhofsgebäudes zwängte. Mohandas kauerte sich auf der Holzbank des dunklen Wartesaals zusammen. Sein Mantel war in dem Koffer, den der Bahnhofsvorsteher zu sich genommen hatte. Und sein Stolz hielt ihn davor zurück, jetzt hinüberzugehen und um sein Gepäck zu bitten.

Um sich warmzuhalten, steckte er seine Hände unter den dünnen Stoff seiner Anzugsjacke und rieb sie am Körper. Er schauderte. Immer noch war er erschüttert von dem, was mit ihm da vor wenigen Minuten geschehen war. Diese Demütigung! Ein Schaffner, ein ganz gewöhnlicher Bahnschaffner hatte es gewagt, ihn, den Rechtsanwalt Mohandas Gandhi, aus dem Zug zu werfen. Als wäre er ein Kastenloser, ein Unberührbarer, ein Paria! Dabei war sein Vater Ministerpräsident gewesen. Erster Minister des Fürstentums Porbandar. Es war ein kleines Fürstentum, sicherlich, und sein Vater hatte es auch nie zu großen Reichtümern gebracht. Aber er war angesehen, galt als unbestechlich und gerechtigkeitsliebend.

Und sein Sohn war aus dem Zug geworfen worden, mitten in der Nacht, weil er auf den Sitzplatz bestanden hatte, für den er eine Fahrkarte hatte, und saß nun hier, auf der harten Bank dieses trübseligen Bahnhofes, und zitterte vor Kälte. Was sollte er in diesem Land? Waren hundert Dollar es wert, seine Selbstachtung zu verlieren?

Mohandas spürte die höhnischen Blicke des Bahnhofsvorstehers fast körperlich, wenn dieser aus seinem kleinen, warmen Verschlag von Zeit zu Zeit zu ihm herüberblickte.

»Ich werde zurückfahren!« dachte er. »Gleich mit dem nächsten Zug. Zurück nach Durban. Und dann nehme ich das nächste Schiff nach Indien. Was kümmert mich Dada Abdullah! Er hat doch seine Rechtsanwälte. Sollen die für ihn prozessieren.«

Und dann tauchten vor seinem Auge Gesichter auf. Seinen Bruder sah er, seine junge Frau und vor allem seine beiden Söhne. Würde er ihnen in die Augen blicken können, wenn er unverrichteter Dinge zurückkam? Wenn er bei seiner ersten großen Chance aufgab, kaum daß sich die ersten kleinen Probleme ergaben? Was würde von seinem Stolz noch übrig sein, wenn er vor den Kreis der Familie treten müßte?

Am Morgen hatte er sich entschieden. Er würde bleiben. Zunächst galt es, ein Telegramm an den Direktor der Eisenbahn zu schicken. Und mit dem Abendzug würde er dann weiterfahren. Nach Charlestown. In die Republik Transvaal.

Dicht beim Bahnhof Charlestown war auch die Station, von der aus die Postkutschen nach Johannesburg fuhren. Eine große Kutsche stand schon abfahrbereit, die Pferde schnaubten ungeduldig. Mohandas beeilte sich, sein Gepäck aus dem Zug zu laden, und hastete hinüber zur Poststation. Die Fahrkarte hatte er schon in Durban gelöst, aber als er sie dem Leiter der Postlinie vorwies, winkte dieser verächtlich ab:

»Die Karte ist ungültig. Sie hätten gestern weiterfahren müssen!«

Doch dieses Mal ließ sich der junge Inder nicht einschüchtern. Die Karte galt eine ganze Woche, das wußte er genau.

»Sie ist gültig. Ich kenne die Bestimmungen!«

»So!« Der Bure musterte ihn erstaunt. »Du kennst also die Bestimmungen, Kuli? Na gut. Aber in den Wagen kommst du nicht.«

»Ich habe eine Karte, ich bestehe darauf, befördert zu werden!«

»Befördert werden, so! Na, meinetwegen. Vorne, neben dem Kutscher, ist noch Platz. Steig da hinauf, dann kannst du mitfahren. Wenn das für dich nicht fein genug ist, bleibst du hier. Überleg's dir!«

Mohandas sah keine andere Möglichkeit und kletterte auf den Kutschbock. Der Schaffner schnallte sein Gepäck fest, dann stieg er in den Wagen und setzte sich zu den Passagieren. Nach einem lauten »Hüh« des Kutschers zogen die Pferde an, und die Kutsche fuhr in rasender Fahrt davon.

Dann kam der erste Zwischenhalt. Die Passagiere stiegen aus und lockerten ihre steifgewordenen Glieder, die Pferde wurden ausgewechselt.

»Hey Sammy!« Der Schaffner kam auf Mohandas zu, der gerade mit steifgefrorenen Gliedern von seinem Platz herunterkletterte, um sich ebenfalls die Beine zu vertreten.

»Paß auf, Junge! Wenn wir weiterfahren, sitz ich vorne. Will 'ne Zigarre rauchen.« Er deutete auf ein Stück schmutziges Sackleinen zu Füßen des Kutschers. »Du kommst dorthin. Ist gut genug für dich!«

Mohandas kletterte schnell wieder auf seinen Sitz. »Nein!«

»Was sagst du da?« Die Augen des Schaffners nahmen einen ungläubigen Ausdruck an.

»Ich sage nein!« Wieder spürte Mohandas die Angst in sich aufsteigen, aber er sprach tapfer weiter. »Sie haben mich selbst auf den Platz gesetzt. Und ich war einverstanden, obwohl ich eine Fahrkarte für einen richtigen Sitzplatz habe. Und deshalb bleibe ich hier. Aber wenn Sie unbedingt rauchen müssen, kann ich ja in der Kutsche sitzen!«

Während Mohandas gesprochen hatte, war der Schaffner langsam näher gekommen. Plötzlich griff er mit der einen Hand nach Mohandas Anzug, mit der anderen schlug er Mohandas hart links und rechts ins Gesicht.

»Dir zeig ich's!« keuchte er und versuchte ihn von seinem Platz herunterzuzerren. Aber Mohandas klammerte sich mit beiden Händen an dem Messinggeländer fest.

Die anderen Passagiere waren auf den Tumult aufmerksam geworden.

»Lassen Sie doch den Mann gehen!« rief einer der Reisenden empört.

Der Schaffner wich zurück und lockerte den Griff.

»Also gut, Freundchen!« sagte er leise. »Aber laß uns erst heute abend in Standerton sein. Da werd ich's dir schon zeigen!«

Dann pfiff er den Hottentottenboy, der auf der anderen Seite der Kutsche gesessen hatte, auf das Fußbrett, stieg auf und pfiff zur Abfahrt.

Mohandas saß immer noch völlig benommen da. Sein Herz klopfte bis zum Hals, und nur langsam lösten sich seine verkrampften Finger von dem Griff, an dem er sich festgeklammert hatte. Heute abend in Standerton würden ihn Landsleute an der Kutsche abholen. Dada Abdullah hatte dies organisiert, als er sich um Mohandas' Unterkunft während der Reise gekümmert hatte. Er mußte also keine Angst haben. In ihrer Gemeinschaft war er sicher.

Mohandas erinnerte sich daran, wieviel Mut ihn die Entscheidung, alleine als Rechtsanwalt nach Südafrika zu gehen, gekostet hatte. Es war ihm schwergefallen, Indien zu verlassen, denn für den schüchternen jungen Mann waren seine Familienbande immer eine wichtige Stütze gewesen.

4. Ein ängstlicher Junge

Im Westen Indiens, auf der Halbinsel Kathiawar, liegt die Stadt Porbandar. Im Jahre 1869 wohnten nicht mehr als fünfzehntausend Einwohner in den weißen Kalksteinhäusern, die sich hinter der mächtigen Stadtmauer zusammendrängten. Porbandar war eine Hafenstadt, und so spielten hier die Seefahrer und Händler, meist moslemische Inder, eine große Rolle. Von hier aus stachen sie in See und erkundeten auf der Suche nach den besten Handelsplätzen das Meer bis weit in den Süden Afrikas.

Auch die Hindu-Familie Gandhi war eine Familie der Kaufleute. Doch die Gandhis hatten von alters her nie etwas mit dem Fernhandel im Sinn gehabt. Sie blieben an Land und betrieben bescheidene Geschäfte mit ihren Landsleuten. Daß der Beruf des Händlers sich bei den Gandhis über Generationen erhalten hatte, lag vor allem an dem jahrtausendealten Kastensystem, einer Besonderheit der Hindu-Religion.

Die Hindus glauben, daß der Mensch in einer ständigen Abfolge der Wiedergeburten lebt. Je nachdem, wie ein Mensch sich in seinem Leben verhalten hat, wird er nach seinem Tod in höherer oder in niederer Form wiedergeboren. So durchläuft seine Seele im Laufe der Generationen alle Stufen vom Tier bis hin zum gottähnlichen Menschen. Danach ist es verständlich, daß für die Hindus jeder Mensch seinen festen, ihm zustehenden Platz in der Gesellschaft einnimmt. Die höchste Stufe, die eine Seele erreichen kann, bevor sie gottgleich wird, ist die eines Brahmanen, eines Priesters. Danach folgt die Stufe des Kshatriya, des Kriegers, und schließlich die des Vaishya, worunter man einen Händler oder Bauern verstehen kann. Der niedrigsten Stufe gehört ein Arbeiter an, der Shudra.

Aus diesen vier Kasten entwickelte sich im Laufe der Zeit ein starres System mit vielen Unterkasten, das die Rechte und Pflichten eines jeden Hindus genau vorschrieb. Dazu gehört das Verbot für Angehörige höherer Kasten, mit ihren minderen Glaubensbrüdern zu verkehren, dazu gehören aber auch bis ins Detail geregelte Zeremonien und Vorschriften für alle Bereiche des Lebens. Das wichtigste aber ist: Man kann der Kaste, in die man durch die Zugehörigkeit zu einer Familie hineingeboren ist, nicht entfliehen. Denn schließlich hat nach dem Hinduglauben die Seele hier den ihr gebührenden Platz erhalten, den sie bis zum Tod ihres Körpers behalten muß. Erst danach kann sich wieder entscheiden, ob man als höheres Wesen wiedergeboren wird.

Wenn sich ein Hindu nicht an die strengen Kastenregeln hält, können ihn die anderen Kastenmitglieder aus der Gemeinschaft der Kaste ausschließen. Für den Betroffenen kommt dies, besonders in ländlichen Gegenden, einem Todesurteil gleich. Da niemand mehr mit ihm verkehren darf, bleibt ihm nur die Möglichkeit, entweder die Gemeinschaft zu verlassen oder zu sterben.

Natürlich kam unter diesen Bedingungen keiner in der Familie Gandhi auf die Idee, einen anderen Beruf als den des Händlers zu ergreifen, wie es die Kaste für ihn vorschrieb. Doch dann hatte der Herrscher des kleinen Fürstentums Porbandar einen der Gandhis als Minister an seinen Hof geholt. Und in dessen Familie wurde nun die

Stellung eines Ministers vererbt, nachdem sie vom Kastenrat als angemessen anerkannt worden war.

Der Vater Mohandas', Karamchand Gandhi, gehörte dieser Linie an. Er galt als unbestechlicher, mutiger Mann, dem scheinbar nur ein Glück versagt blieb, die Geburt eines Sohnes. Gerade ein Sohn war für einen Hindu aber besonders wichtig, denn nach der Überlieferung konnte nur er die Verbrennungsriten vollziehen, mit denen man nach dem Tod glaubensgemäß bestattet wurde. Doch obwohl Karamchand Gandhi dreimal geheiratet hatte, waren ihm nur Mädchen geboren worden.

Erst seine vierte Frau, die vierundzwanzig Jahre jüngere Putlibai, gebar schließlich die so heiß ersehnten Söhne. Der jüngste und auf Grund der angegriffenen Gesundheit seiner Mutter letzte Sohn war schließlich Mohandas. Am 2. Oktober 1869 konnte der stolze Vater den Neugeborenen in den Arm nehmen.

Mohandas wuchs in einer Großfamilie heran, denn seine Eltern bewohnten zusammen mit den fünf Brüdern seines Vaters sowie deren Familien ein Haus, und so war es nur natürlich, daß auch gemeinsam gewirtschaftet wurde. Die Einkommen wurden zusammengelegt; kam ein Mitglied der Familie in Not, wurde es von den anderen unterstützt. In dieser Atmosphäre lernte Mohandas recht früh Rücksichtnahme und Geduld. Sie waren unerläßlich, wollte man mit den anderen nicht dauernd im Streit leben.

Am meisten hing der Knabe an seiner Mutter. Sie war eine streng religiöse Frau, die sich kompromißlos an die Gebote ihres Glaubens hielt. Von ihr wurde er nach und nach in all die Regeln der Hindureligion eingeführt. Gegenüber anderen Kindern war Mohandas eher schüchtern. Das änderte sich auch nicht, als er mit sechs Jahren in die Grundschule kam. Kaum war der Unterricht vorbei, rannte er so schnell er konnte wieder zurück nach Hause. Hier fühlte er sich sicher und geborgen.

Die strenge Moral seiner Mutter hatte auf den Knaben einen wichtigen Einfluß. War er tatsächlich einmal an einem Kinderstreich beteiligt, und wurde er dabei ertappt, so gab er ohne Umschweife zu, was sich abgespielt hatte. Schließlich lehrten Vater und Mutter doch, daß man stets die Wahrheit sagen solle. Daß die Spielkameraden deshalb einen Verräter in ihm sahen, verstand der kleine Mohandas nicht.

Ebensowenig war er in der Lage, seine mittelmäßigen bis schlechten Noten in der Schule dadurch aufzubessern, daß er beim Nachbarn abschrieb. Versuchte er es, dann plagte ihn sein schlechtes Gewissen dermaßen, daß er es künftig wieder sein ließ.

Verständlich, daß Mohandas sich so im Kreis seiner Schulkameraden keine Freunde machte. Und ebenso verständlich ist es, daß dies den schüchternen Jungen nur noch unsicherer machte und ihn noch mehr an Familie und Elternhaus band. War er unter fremden Leuten, so fürchtete er dauernd, sich lächerlich zu machen, und zog sich deshalb immer mehr in sich zurück. Als man Mohandas dann im Alter von dreizehn Jahren verkündete, er würde eine Spielkameradin nur für sich bekommen, war der Junge begeistert. Seine Mutter erzählte ihm, daß diese Kameradin Kasturba hieß, so alt sei wie er, und daß sie seine Frau sein würde. Ja, Mohandas sollte heiraten.

Solche Kinderheiraten waren in den meisten Hindufamilien Brauch. Die Eltern vereinbarten untereinander die künftigen Ehen ihrer Kinder, verlobten Kinder miteinander, die meistens nicht einmal davon wußten. So hatten weder Mohandas noch seine künftige Frau Kasturba erfahren, daß sie schon im Alter von sieben Jahren einander versprochen worden waren. Dies hatte für die Eltern zwei

Vorteile: Erstens konnte durch eine so frühe Wahl gesichert werden, daß die passenden Familien zusammenkamen; denn die Kinder waren noch nicht in dem Alter, wo die Gefahr bestand, daß sie nach ihrem eigenen Willen und Gefühl einen, nach Meinung der Eltern, unpassenden Partner heiraten würden. Und zweitens war durch eine Heirat im Kindesalter garantiert, daß die künftige Ehefrau ihre Keuschheit bewahrt hatte. Das war besonders wichtig, denn der Verlust der Keuschheit vor der Ehe galt als eine so schwere Sünde, daß sie auch durch wiederholte Wiedergeburt nicht getilgt werden konnte.

Eine so frühe Ehe, geschlossen ohne Rücksicht darauf, ob hier zwei zueinander passende Menschen zusammenkamen, kann natürlich nur gut gehen, wenn klare Regeln für das Verhalten der Eheleute festgelegt sind. Die Regel, welche der dreizehnjährige Mohandas gelernt hatte und die er auch bald nach der Hochzeit anzuwenden gedachte, war einfach und klar. Er als Mann hatte die Autorität in der Ehe, er war der bedingungslose Gebieter über seine Frau.

Das Mädchen Kasturba war dagegen ganz im Sinne des traditionellen Frauenbildes der Hindus erzogen worden. Schon früh hatte die Mutter sie gelehrt, daß eine keusche und tugendhafte Ehefrau sich immer nach den Wünschen des Mannes zu richten habe, daß sie, immer im Hintergrund, ihren Mann bei all seinen Entscheidungen unterstützen müsse. Doch ein solcher Gedanke setzt das Bild eines aktiven, energischen Mannes voraus. Ihr künftiger Mann Mohandas war jedoch gerade das Gegenteil davon. Er war eigentlich immer noch der kleine Junge, der Stärke und Sicherheit bei seiner Mutter suchte.

Immerhin, auf die Hochzeit freute er sich. Wurde ihm doch eine Spielkameradin versprochen und dazu noch Trommelmusik, gutes Essen und schöne Kleider. Und er würde Mittelpunkt der Familie sein. Für eine ganze Woche, denn so viel Zeit war für eine traditionelle Hochzeit vorgesehen. Während dieser Woche mußten die Gäste von den Brauteltern so freigebig wie möglich unterhalten und bewirtet werden. So eine Hochzeit ist ein kostspieliges Ereignis; es bedeutet heute noch für so manche indische Familie den finanziellen Ruin.

Nach dieser Woche war für Kasturba die Kindheit zu Ende. Sie mußte in das Haus der Familie Gandhi ziehen und wurde dort von der Schwiegermutter in der Haushaltsführung unterwiesen, während der Mann weiter zur Schule gehen konnte.

Kam er aus der Schule nach Hause, mußte sie seine Versuche ertragen, sie zur perfekten Ehefrau zu erziehen. Mohandas großes Leitbild war auch hier wieder seine Mutter. Wie sie, so geduldig, fügsam und bescheiden, so gläubig und treu, sollte auch seine Frau werden. Mohandas versuchte, das gleichaltrige Mädchen nach diesen Vorstellungen zu formen, stellte jedoch bald erstaunt fest, daß sie sich ihm dabei sanft, aber unerbittlich widersetzte. Verlangte er etwas, was gegen ihre Überzeugung war, widersprach sie freundlich, aber bestimmt und setzte dabei auch meist ihren Kopf durch. Sie war, so schien es, die stärkere von den beiden.

Doch wie auch immer, Mohandas war ihr Mann und damit ihr Gebieter. Von ihm war sie abhängig, denn nur solange sie mit ihm verheiratet blieb, konnte sie ein ehrbares Leben führen. Da spielte es keine Rolle, daß sie keine Angst empfand, wenn Mohandas im Dunkeln wieder einmal aus Furcht vor Schlangen, Geistern und Dieben zitterte.

Der Junge spürte sicherlich die Stärke seiner Frau. Er war sich auch bewußt, daß er ein Mädchen von äußerstem Liebreiz und Charme geheiratet hatte. Also versuchte er, seine Rolle als Gebieter besonders deutlich hervorzukehren. Wie er selbst später in seinen Memoiren schrieb, war er in diesen Jahren von krankhafter Eifersucht, quälte seine Frau mit immer neuen unhaltbaren Verdächtigungen und versuchte, jeden ihrer Schritte zu kontrollieren. Und er schwelgte im Sex, ohne Rücksicht darauf, ob Kasturba seine Empfindungen teilte.

Dann starb sein Vater. Und zwar zu einer Stunde in der Nacht, als Mohandas von dessen Krankenlager zu seiner Frau zurückgeeilt war. Das löste in dem Jungen eine Erschütterung aus, die ihn sein ganzes Leben verfolgen sollte. »Dies war die Schmach«, schrieb er später in seinen Memoiren, »die Schmach meiner fleischlichen Begierde selbst in der Schicksalsstunde vor meines Vaters Tod, in der ich hätte wachen und dienen sollen. Es ist ein Makel, den ich niemals wieder auszulöschen noch zu vergessen vermochte.«

Das Gefühl, ein schuldbeladener und unwürdiger Sohn zu sein, der seine Begierden über seine ethische Verantwortung stellte, brannte sich in Mohandas fest. War nicht im Gegensatz zu ihm seine geliebte Mutter ein Beispiel für richtige Lebensführung? Sie, die unbeirrbar und fast asketisch an den alten Hinduregeln festhielt? Mußte er sich nicht an ihr ein Beispiel nehmen? Vieles, was damals in dem verstörten Jungen vorging, sollte später sein Leben und seine Ideen stark beeinflussen. Allerdings erst später, sehr viel später!

Unterdessen brachte Kasturba ihr erstes Kind zur Welt, mit sechzehn Jahren, drei Jahre nach der Kinderhochzeit! Das Kind war klein und schwächlich und starb wenige Tage nach der Geburt. Mohandas war verzweifelt. War dies nun die Strafe des Schicksals für seine Unbeherrschtheit? Aber auch für Kasturba war der Tod des ersten Kindes ein schwerer Schlag. Immerhin ist es Hauptaufgabe einer Hindufrau, ihrem Mann Söhne zu gebären. Eine kinderlose Hindufrau würde dagegen den Unwillen der Götter auf sich ziehen. Erst drei Jahre später brachte Kasturba schließlich den ersehnten Sohn zur Welt.

Doch Mohandas bekam das Kind zunächst einmal überhaupt nicht zu Gesicht. Er bereitete sich gerade auf eine große Reise nach England vor. Nach dem Abschluß der Schule hatte die Familie für ihn den Beruf des Juristen gewählt. Als Jurist würde er sicher gute Aussichten haben, eine ebenso angesehene Stellung zu bekommen wie sein Vater. Und Mohandas hatte sich in den Kopf gesetzt, zu diesem Zweck in London zu studieren.

Seine Mutter war von diesen Plänen allerdings überhaupt nicht angetan. Was sollte ihr kleiner Junge in diesem fremden Land anfangen? Ganz auf sich allein gestellt, schüchtern und unsicher, wie er war? Würde er bei den Engländern nicht solche Sünden wie den Genuß von Alkohol und Fleisch lernen? Und vor allem, sagte die Kastenregel nicht, daß es verboten war, über das »schwarze Wasser« zu fahren? Auch der Ältestenrat hatte dies immer wieder betont.

Tatsächlich, als der Kastenrat von den Plänen Mohandas' hörte, wurde der Junge nach Bombay zitiert. Nach einer erregten Auseinandersetzung stand der Entschluß des Gremiums fest: Sollte der Junge nach England reisen, würde er aus der Kaste ausgestoßen. Er wäre dann ein Paria, ein Unberührbarer.

Da zeigte sich nun eine andere Eigenschaft Mohandas', die seinen Gegnern später noch oft zu schaffen machen sollte: seine Starrköpfigkeit. Er fuhr zurück nach Hause, fest entschlossen, die Reise trotz aller Drohungen zu unternehmen. Immer wieder bestürmte er seine Mutter, um ihre Erlaubnis zu erhalten, und als er schließlich hoch und heilig schwor, in London weder Alkohol noch Fleisch anzurühren und seiner Frau nicht untreu zu werden, stimmte sie schließlich seufzend zu.

Im September 1888 bestieg der knapp Neunzehnjährige das Schiff nach England. Seine Frau und sein Sohn, von dessen Geburt er noch kurz vor seiner Abfahrt erfahren hatte, blieben in der Obhut der Familie zurück.

Neue Erfahrungen warteten auf Mohandas. Das Leben in England war ganz anders, als er es aus Indien gewohnt war. Nicht nur, daß es ihn viel Mühe kostete, seine vegetarische Lebensweise beizubehalten, solche Kleinigkeiten waren schnell geregelt. Was ihn dagegen tief beeindruckte, war die englische Vornehmheit, auf die er laufend stieß. Seiner Meinung nach drückte sie sich nicht nur in den englischen Anzügen aus, nein, die Engländer erschienen ihm insgesamt viel gebildeter als seine Landsleute, sogar die Frauen waren klug und belesen. Seine Kasturba dagegen . . .

Auch die englische Demokratie sowie die englische Presse erschienen ihm geradezu vorbildhaft. Als er nach drei Jahren seine Zulassung als Anwalt beim Obersten Gerichtshof in London erhalten hatte und wieder nach Indien zurückkehrte, war er fest entschlossen, die Sitten und Gebräuche in seinem Haushalt nach englischem Vorbild zu reformieren.

Kasturba weigerte und widersetzte sich, wo sie konnte. Wo sollte das Geld für Porzellan, für Kakao oder für englische Kleidung herkommen? Um Mohandas' Versuche, als Rechtsanwalt Fuß zu fassen, stand es nicht gut. Dem immer noch schüchternen jungen Mann traute niemand so recht den erfolgreichen Abschluß eines Prozesses zu. Und das kleine Büro, das er einrichtete, um juristische Schreibarbeiten anzubieten, konnte nur überleben, weil sein Bruder ihm Aufträge zuschanzte.

So war Mohandas kaum in der Lage, seine eigene Familie zu ernähren, geschweige denn, sich bei seinem Bruder für die jahrelangen Unterhaltszahlungen während seiner Ausbildung zu revanchieren. Als Rechtsanwalt, so war bald die Meinung der Familie, war Mohandas ein Versager.

Kein Wunder, daß er mit beiden Händen zugegriffen hatte, als sein Bruder ihm die Stelle bei Dada Abdullah verschafft hatte. Verständlich auch, daß er nicht vorzeitig wieder nach Hause zurückkehren wollte. Hier in Südafrika hatte er vielleicht die Möglichkeit, auf eigenen Beinen stehen zu lernen. Aber wie konnte er diese Möglichkeit nutzen nach den bösen Erfahrungen, die ihm die ersten Tage gebracht hatten?

5. Über Johannesburg nach Pretoria

Johannesburg, Zwischenstation auf dem Weg nach Pretoria. Die Stadt zeigte ein Bild, das Mohandas beeindruckte. Wild durcheinandergewürfelt standen hier die Holzhäuser, nur teilweise hatten sie ein ansehnliches Äußeres oder zeigten gar britische Kolonialpracht. Zumeist waren es eilig zusammengezimmerte Hütten, die sich dicht aneinanderdrängten. Die Atmosphäre auf den Straßen war elektrisierend, quirlig; man spürte förmlich, daß man hier Zeuge war, wie eine Stadt aus dem Nichts entstand.

Johannesburg, für viele war dies der Name künftigen Reichtums. Denn vor nur wenigen Jahren hatte man hier Gold gefunden. Gold in riesigen Mengen, das nur darauf wartete, aus dem Boden geholt zu werden. Glücksritter strömten in Scharen herbei, Buren, Holländer, Franzosen, Deutsche und natürlich die Engländer. Sie alle folgten dem Ruf des gelben Metalls, es gab genug davon! Ein riesiges Goldsucherlager entstand, und auch wenn die ansässigen Bauern diese neuen Nachbarn nicht sonderlich schätzten, für die Staatseinnahmen von Transvaal bedeutete das Lager ungeheure zusätzliche Gelder. Transvaal wurde reich.

Auch die indischen Kaufleute profitierten von dieser Entwicklung. Wer Geld hat, der will auch etwas dafür kaufen. Also siedelten sich mehr und mehr Inder in Johannesburg an oder in Pretoria, der nur sechsunddreißig Meilen entfernten Hauptstadt von Transvaal. Nicht alle waren Kaufleute oder Händler. Viele arbeiteten auch in den Goldminen oder als Kellner in Bars und Restaurants, aber dort konnte man keine Reichtümer erwerben. Wer sich nicht auf das Geschäft verstand, an dem ging der Goldregen von Johannesburg vorbei.

Nachdem Mohandas bei einem Geschäftsfreund von Dada Abdullah übernachtet hatte, fuhr er am nächsten Morgen mit dem Zug nach Pretoria. Starrköpfig hatte er trotz der Warnungen seines Gastgebers wieder ein Ticket für die erste Klasse gelöst, und nur die Anwesenheit eines mitreisenden Engländers verhinderte, daß er abermals den Zug verlassen mußte.

Dann der Bahnhof von Pretoria. Trübe Ölfunzeln schaukelten im nächtlichen Wind. Mohandas setzte sein Gepäck auf dem Bahnsteig ab und reckte sich auf die Zehenspitzen.

»Man wird Sie abholen!« hatte Dada Abdullah versichert.

Doch auf dem nur schwach beleuchteten Bahnsteig war niemand zu erkennen, der auf ihn zu warten schien.

Mohandas sah zu, wie die letzten Reisenden durch die

Sperre gingen und sein Zug fauchend den Bahnhof verließ. Dann packte er sein Gepäck und ging auf den Bahnhofsvorsteher zu. Es half nichts, er mußte sich ein Zimmer für die Nacht suchen.

Der Bahnbeamte schaute erstaunt auf, als der junge Inder vor ihm stand. »Ein Hotelzimmer?« lachte er ungläubig. »Für Sie? No, Sir. Ich glaube, da kann ich Ihnen nicht weiterhelfen. Nicht in dieser Stadt. Haben Sie keine Freunde in Pretoria? Hier wohnen viele Inder. Ich persönlich hab ja nichts gegen Inder. Aber es gibt manchen hier, der meint, daß die Inder lieber wieder dorthin gehen sollten, wo sie hergekommen sind. No, Sir. Ich glaube, mit einem Hotel wird es schwierig für Sie!«

»Vielleicht kann ich helfen!« Unbemerkt war aus dem Dunkel ein großer Neger aufgetaucht. »Wenn Sie wollen, bringe ich Sie zu einem Bekannten von mir. Er ist Amerikaner wie ich. Ich denke, bei ihm werden Sie ein Zimmer bekommen.«

Mohandas starrte den großen Neger sprachlos an, der so unvermittelt wie ein rettender Engel aufgetaucht war. Der Mann lachte.

»Na, dann geben Sie mal her«, sagte er und griff sich einen Koffer. »So, und jetzt los. Verlassen wir den unfreundlichen Ort.«

Ein freundlicheres Gesicht zeigte Pretoria dem jungen indischen Anwalt erst am nächsten Morgen. Der Gerichtsadvokat Baker reichte Mohandas überschwenglich beide Hände zur Begrüßung und äußerte sein außerordentliches Bedauern, daß am Abend niemand am Bahnhof gewesen sei, um ihn abzuholen. »Aber sonntags ist es doch recht schwer, jemanden zu finden, den man zum Bahnhof schicken kann. Ich hoffe, Sie haben für Ihre erste Nacht in dieser Stadt trotzdem eine gute Unterkunft gefunden.«

Mohandas nickte. »In einem kleinen Hotel. Allerdings nur unter der Bedingung, daß ich nicht im Speisesaal essen würde. Der Besitzer hatte Angst um seinen Ruf!«

Baker wurde ernst. »Ja«, meinte er nachdenklich, »Farbigen gegenüber herrscht hier ein fast unglaubliches Vorurteil! Aber ich denke, daß Sie aus dem Hotel wieder ausziehen können. Ich habe Ihnen ein Zimmer besorgt. Es sind nette Leute. Nicht reich, aber nett. Sie werden sich dort wohlfühlen.«

»Wohlfühlen? Wenn man behandelt wird wie ein Unberührbarer? Was ist das nur für ein Land! Ich habe auf der Fahrt hierher mehr Demütigungen ertragen müssen als in meinem ganzen Leben davor!«

»Es ist schwierig«, stimmte Baker zu. »Aber die Leute mögen nun mal keine Inder. Ich spreche nicht von mir. Ich halte nichts von solchen Vorurteilen. Aber diese verdammten burischen Dickschädel . . . Was wollen Sie dagegen tun?«

»Ich weiß nicht«, meinte Mohandas nachdenklich. »Ich weiß nur, daß es falsch ist, jede Schmach über sich ergehen zu lassen. Wir Inder tun so, als wären wir überhaupt nicht vorhanden, und wenn es Schwierigkeiten gibt, versuchen wir uns unsichtbar zu machen. Das ist nicht gut. Wir Inder sollten uns zusammentun, sollten uns regelmäßig treffen und über alle diese Dinge sprechen. Das wäre ein erster Schritt . . .«

»Nun mal langsam!« Der Gerichtsadvokat lachte laut los. »Sie sind gerade einen Tag in Pretoria, und schon wollen Sie eine politische Versammlung organisieren . . .«

»Ich?« unterbrach ihn Mohandas erschrocken. »Um Gottes willen, das könnte ich nie!«

»Und wer sollte es sonst tun, wenn nicht Sie? Aber sehen Sie, eine Versammlung der Inder von Pretoria ist sowieso nur denkbar, wenn sie von Tyeb Sheth einberufen wird. Nur er hat hier den nötigen Einfluß. Sie kennen diesen Namen?«

Der junge Anwalt nickte. »Der Prozeß . . .«

»Richtig!« nickte Baker. »Der Prozeß! Deswegen sind Sie schließlich hier. Wir haben zwar einen sehr guten Rechtsanwalt, den besten, den es in Pretoria gibt, aber Sie werden derjenige sein, der Kontakt mit Dada Abdullah für uns hält. Und darüber wird Tyeb Sheth nicht sehr erfreut sein. Vergessen wir also Ihre Pläne erst einmal. Und lassen Sie uns über den Prozeß sprechen . . .«

6. Die erste Kundgebung des jungen Rechtsanwalts

Baker hatte nicht zuviel versprochen. Die Wirtin, bei der er Mohandas untergebracht hatte, war freundlich und zuvorkommend, sie kochte sogar vegetarisch für ihren Gast. So lebte er sich schnell ein. Den Tag verbrachte er im allgemeinen mit dem Studium der Prozeßakten. Und je mehr er sich in Klage und Gegenklage vertiefte, um so mehr faszinierte ihn der Fall.

Trotzdem fand er noch Zeit, weiter an seiner Idee zu arbeiten, die Inder Pretorias in einer Versammlung zusammenzubringen. Zuletzt nahm er trotz aller Warnungen Dada Abdullahs sogar Kontakt mit Tyeb Sheth auf. Erstaunlicherweise hörte sich der Kaufmann Gandhis Vorschläge mit Wohlwollen an und sagte schließlich seine Unterstützung und Hilfe zu.

Ein Termin für die Versammlung wurde festgesetzt,

und Tyeb Sheth begann, in seinem Freundeskreis dafür zu werben.

Nun, da die Entscheidung gefallen war, begann Gandhi doch etwas unsicher zu werden. Er war nie ein großer Redner gewesen. Bei einer Gerichtsverhandlung in Indien war ihm sogar einmal die Stimme weggeblieben. Er mußte sich also besonders gut auf diesen Abend vorbereiten. Nach dem Dienst in der Kanzlei eilte er nun jeden Tag besonders schnell nach Hause, setzte sich an den wackligen Tisch in seinem Zimmer und versuchte, ein Manuskript für seine Rede zu schreiben. Bis tief in die Nacht saß er da, im trüben Licht einer Öllampe, las sich immer wieder Passagen seiner Rede halblaut vor, lauschte auf den Klang seiner Stimme, um dann mit seiner fahrigen Handschrift neue Einfügungen und Umstellungen vorzunehmen.

Dann war der Abend des großen Treffens gekommen. Und als Mohandas Gandhi mit seinem Vortrag begonnen hatte, ahnte keiner der gespannten Zuhörer, welche Überwindung den jungen Mann ein solcher öffentlicher Auftritt kostete. Zunächst stockend, dann immer ruhiger sprach er über die Verbindung von Moral und Geschäft. Ein heikles Thema!

»Wir, das heißt sowohl Sie wie auch ich, wir haben moralische Werte schätzen gelernt. Unsere Eltern haben sich bemüht, uns das beizubringen, was sie für richtig hielten, und was ihnen ihre Religion gebot. Nun gehören wir verschiedenen Religionen an. Ich bin von Geburt an Hindu, die meisten hier im Saal sind jedoch Mohammedaner. Gläubige Mohammedaner, wie ich annehmen will.«

Die versammelten Kaufleute, deren Augen gespannt an Gandhis Lippen hingen, nickten beifällig.

»Aber diese Verschiedenheit der Religionen spielt im Grunde keine Rolle«, fuhr Gandhi fort, »denn trotz aller

Unterschiede, die moralischen Regeln und religiösen Gebote, die Sie und ich gelernt haben, sind in ihrem Kern gleich. Denken Sie nur an das Gebot der Ehrlichkeit. Aber befolgen wir dieses Gebot im täglichen Leben? Ich höre die Kaufleute immer sagen, Ehrlichkeit im Geschäftsleben sei unmöglich. Aber wenn man nicht ehrlich ist, wie kann man dann erwarten, daß man geachtet wird? Von den Buren zum Beispiel? Oder von den Engländern?«

Die mohammedanischen Kaufleute schauten sich erstaunt an. Was redete dieser junge Mann, der offensichtlich keine Ahnung vom Geschäftsleben hatte? Nun kam er auch noch darauf zu sprechen, daß in vielen indischen Haushalten unhygienische Verhältnisse herrschten, daß die Inder schmutzig seien und deshalb von den Engländern verachtet wurden.

Doch Gandhi sprach bei aller Kritik mit so viel Wohlwollen in der Stimme, daß seine Zuhörer ihr Unbehagen vergaßen und weiter seinen Ausführungen lauschten. Vielleicht hatte er gar nicht so unrecht, wenn er sagte, die Inder sollten selbst den ersten Schritt wagen, um geachtete Mitglieder der Gesellschaft zu werden. Und ganz sicher recht hatte er mit dem Vorschlag, sich künftig regelmäßig zu treffen, um zu besprechen, wie man die täglichen Konflikte mit den Behörden lösen könnte.

An dieser Stelle des Vortrages nickten die meisten Anwesenden wieder beifällig. Es war schon richtig, was dieser junge Mann da sagte. Zumindest das letztere. Nur vom Geschäft, da verstand er nun wirklich nichts!

Nachdem man sich auf ein regelmäßiges Treffen geeinigt hatte, zerstreute sich die Menge. Erschöpft und noch etwas benommen von dem unerwarteten Erfolg blieb Gandhi zurück. Seine erste Rede. Er war nicht steckengeblieben, ja, er hatte sogar seine Zuhörer erreicht. Sie hatten ihm zugehört und zugestimmt. Für einen Abend hatte er die Angst besiegt – und damit mehr erreicht, als er zu hoffen gewagt hatte.

Der Erfolg gab Gandhi Mut und Kraft, sich auch mit dem Prozeß stärker als bisher zu befassen und auch seine eigenen Ideen auszusprechen. Mr. Baker unterstützte ihn darin. Er war ein freundlicher Mann, ein überzeugter und leidenschaftlicher Christ, der in Pretoria sogar von seinem eigenen Vermögen eine kleine Kirche gebaut hatte, in der er regelmäßig Betkreise abhielt.

Mit Mr. Baker führte Gandhi lange und intensive Gespräche über die Religionen der Welt, vor allem über das Christentum. Dabei gewann er den Eindruck, daß er viel zuwenig über die Religionen wußte, um ein eigenes Urteil entwickeln zu können. Selbst über den Hinduismus wußte er zuwenig Bescheid. So begann Gandhi einen Briefwechsel mit indischen Glaubenslehrern und vertiefte sich in den Koran, der ihm von seinen mohammedanischen Freunden immer wieder aufgedrängt worden war. Daneben fanden auch Gespräche mit der Gemeinde von Mr. Baker statt, die ihn gerne als neues Mitglied gesehen hätte.

»Obwohl ich einen anderen Weg eingeschlagen habe«, schrieb er später, »fühle ich mich doch für alle Zeit in ihrer Schuld für den religiösen Eifer, den sie in mir erweckt haben.« Die Suche nach dem richtigen Glauben, nach einer Wahrheit, die seiner Natur entsprach, begann für Gandhi in diesen Monaten seines Aufenthalts in Pretoria.

Auch das Studium der Prozeßakten sollte ihm noch eine unschätzbare Erfahrung bringen. Es war ihm recht früh klar, daß Dada Abdullah den Prozeß gewinnen würde. Allerdings drohten astronomisch hohe Gerichtskosten auf die beiden Kontrahenten zuzukommen. War es unter diesen Bedingungen nicht klüger, einen Vergleich anzustreben? Ein Vergleich half beiden Parteien, das Gesicht zu wahren. Selbst wenn Dada Abdullah dabei weniger Geld bekommen würde, als er beanspruchte, so wäre dies durch die geringeren Prozeßkosten mehr als wettgemacht.

Nach anfänglichem Zögern stimmten die beiden prozessierenden Kaufleute Gandhis Vorschlag zu. Der Vergleich wurde geschlossen, und Dada Abdullah war schließlich auf Drängen des Anwalts sogar dazu bereit, seinem Gegner eine Ratenzahlung zuzugestehen, die für diesen erträglich war.

Gandhi war über diesen Ausgang des Prozesses überglücklich. Zum ersten Mal in seinem Leben war es ihm gelungen, ein Gerichtsverfahren erfolgreich zu beenden. Aber nicht nur das. Es war ihm auch geglückt, die beiden Parteien wieder miteinander zu versöhnen.

Damit war seine Aufgabe in Südafrika eigentlich beendet. Gandhi verabschiedete sich von seinen Freunden in Pretoria und machte sich auf die Rückreise nach Durban. Dort wollte Dada Abdullah noch einmal ein großes Abschiedsessen für ihn veranstalten, bevor er mit dem Schiff wieder in seine Heimat zurückreisen würde. Kein Zweifel, seit seiner Ankunft vor einem Jahr hatte sich einiges verändert. Der vormals schüchterne Rechtsanwalt, dem man in Indien Unfähigkeit nachgesagt hatte, konnte nun auf einen Erfolg bei einem wichtigen Prozeß zurückblikken. Das gab Selbstvertrauen, auch wenn sich Mohandas in stillen Augenblicken fragte, ob er seine Wichtigkeit nicht überschätze. Wie würde sein Leben in Indien weitergehen?

7. Die erste Kampagne

Das Essen war vorzüglich gewesen. Zu Gandhis Freude hatte Dada Abdullah daran gedacht, daß sein Ehrengast Vegetarier war, und die Speisen entsprechend zusammengestellt. Nun breitete sich eine satte Schläfrigkeit unter den Männern aus, die an der großen Tafel saßen. Gandhi griff hinter sich und nahm sich ein Exemplar des ›Natal Mercury‹. Zerstreut begann er die Artikel zu überfliegen. Dann stutzte er. In einem Artikel war davon die Rede, daß künftig den Indern das Wahlrecht abgesprochen werden solle. Aber das war es nicht allein, was Gandhi das Blut in den Kopf trieb. Besonders erbost war er über die Begründung, welche die Zeitung gab.

»Der Asiate entstammt einer Rasse mit abgenutzter Zivilisation, die nicht die geringste Kenntnis von den Prinzipien und Traditionen einer repräsentativen Demokratie besitzt. Was seinen Instinkt und seine Erfahrungen betrifft, so ist er ein Kind von politisch rückständigster Art. Gerechterweise kann man von ihm nicht erwarten, daß er mit unseren Bestrebungen in irgendeiner Weise sympathisiert.«

»Haben Sie das gelesen?« rief Gandhi erregt.

Betroffenes und ratloses Schweigen machte sich in der Runde der anwesenden Inder breit, als er den Artikel noch einmal vorlas. Alle spürten, daß ein solches Gesetz ihre Rechte und ihre Selbstachtung weiter einschränken würde. Aber was konnte man tun? Schließlich waren sie Kaufleute und hatten von Juristerei und Politik nur wenig Ahnung. Immerhin, dieser junge Mann, dieser Mohandas Gandhi, er hatte sich als erfolgreicher Anwalt erwiesen. Vielleicht konnte er . . .

»Sie müssen etwas unternehmen!« rief Gandhi erregt.

»Wenn dieses Gesetz in Kraft tritt, werden Sie noch weniger Rechte haben als bisher. Sie müssen der englischen Regierung deutlich machen, daß ein solches Gesetz in höchstem Maße unmoralisch ist. Es darf nicht Wirklichkeit werden.«

»Wir verstehen nichts von solchen Sachen«, meldete sich brummend einer der Kaufleute. »Aber Sie, Mr. Gandhi. Was ist mit Ihnen?«

»Ich werde das nächste Schiff nach Indien nehmen. Mein Vertrag mit Dada Abdullah ist abgelaufen.«

Wieder schwiegen die Männer, dann sahen sie sich bedeutungsvoll an. »Wie wäre es denn«, meldete sich wieder der Sprecher unter allgemeinem Kopfnicken, »wie wäre es denn, wenn Sie Ihre Abreise etwas verschieben würden? Ob Sie einen Monat eher oder später in Indien sind, das spielt doch keine Rolle. Aber uns könnten Sie helfen. Wir brauchen jemanden wie Sie, der weiß, was man gegen ein solches Gesetz unternehmen kann!«

Gandhi zögerte. Doch als er die erwartungsvollen Blicke dieser Männer sah, wußte er, daß er bleiben würde.

Noch am selben Abend begann er zu arbeiten. Eiligst mußte eine Petition an das Parlament von Natal erstellt werden. Denn die Zeit drängte. Bereits in acht Tagen, am 3. Juli 1894, wollte das Parlament dieses neue Gesetz verabschieden. Bis dahin mußten möglichst viele Inder die Petition unterschrieben haben.

Gandhi entschied sich für ein Schneeballsystem, wonach jeder der Anwesenden möglichst viele seiner Freunde ansprechen sollte, die ihrerseits ihre Freunde zur Unterschrift drängen sollten. Bereits nach drei Tagen konnte er dem Parlament die ersten fünfhundert Unterschriften vorlegen.

Doch die Parlamentarier zeigten sich nicht beeindruckt. Wie zu erwarten war, verabschiedeten sie am 3. Juli das neue Gesetz. Gandhi und seine Helfer gaben jedoch nicht auf. Wie alle Gesetze in der Kronkolonie mußte auch dieses erst von der Königin in London unterzeichnet werden, bevor es in Kraft treten konnte. Kamen genug Unterschriften zusammen, würde die Königin das Gesetz nicht unterzeichnen, davon war Gandhi überzeugt. Nach wie vor glaubte er felsenfest an den Gerechtigkeitssinn der Briten und an deren immer wieder betonte christliche Ethik. Wenn sich die Inder deutlich genug gegen das Gesetz aussprachen, würden die Engländer sich ihrem Willen beugen.

Mit dem Geld der Kaufleute von Durban mietete Gandhi Fahrzeuge. Junge Helfer fuhren mit ihnen zu den indischen Gemeinden der anderen Städte, die Petitionen wurden überall im Land herumgereicht, unterschrieben, wieder zu Gandhi zurückgebracht. Der täglich wachsende Stapel unterschriebener Listen führte deutlich genug vor Augen, daß die Aktion ein großer Erfolg zu werden versprach. In der Tat, schon zwei Wochen nach der Parlamentssitzung konnte Gandhi dem Gouverneur von Natal zehntausend Unterschriften zur Weiterleitung nach London übergeben.

Darauf rüstete sich Mohandas Gandhi erneut zur Abfahrt nach Indien. Und wieder bestürmten ihn seine Freunde. Jetzt, in dieser entscheidenden Situation, durfte er sie nicht allein lassen. Nun, da sie die Auseinandersetzung begonnen hatten, mußte er auch dableiben und sie zu Ende führen.

Wieder ließ er sich umstimmen. Aber wie sollte er für seinen Lebensunterhalt sorgen? Von dem Geld der Kaufleute wollte er nicht leben. Er wollte nicht von ihnen abhängig sein. Also mußte er in Durban eine Kanzlei eröffnen. Damit sein Einkommen gesichert war, übertrugen ihm schließlich zwanzig Kaufleute die Vollmacht, sie juristisch zu vertreten. Damit würde er genug verdienen, um sich weiter seiner politischen Tätigkeit widmen zu können.

Aber was war zu tun, um den Forderungen der Inder weiteren Nachdruck zu verleihen? Er mußte mehr als bisher an die Öffentlichkeit treten. Zwar waren zehntausend Unterschriften sehr viel, gemessen an den fünfundsechzigtausend Indern, die damals in Natal lebten, doch es bestand die – wenn auch unwahrscheinliche – Möglichkeit, daß die Engländer sich auch von diesen Unterschriften nicht beeindrucken lassen würden.

Gandhi erinnerte sich an seine Zeit in Pretoria. So wie dort ein regelmäßiges Treffen der Inder zustande gekommen war, müßte man ein ähnliches, aber diesmal landesweites Treffen organisieren. Doch dies war aus den verschiedensten Gründen nicht möglich. Nein, man brauchte eine Institution, welche die Rechte der Inder vertreten konnte. Ein Komitee oder eine Organisation, welche wiederum auch dem einzelnen mehr Selbstvertrauen geben konnte.

Am 22. August gründete Gandhi den »Natal Indian Congress« (NIC), eine Organisation, die nicht nur der Verständigung von Indern mit den Europäern dienen sollte, sondern auch innerhalb der indischen Gemeinschaft eine wichtige Aufgabe übernehmen konnte. Mit Hilfe des NIC hoffte Gandhi, die alte indische Kultur wiederzubeleben und für seine Landsleute eine Möglichkeit zu schaffen, sich in politischen, sozialen und moralischen Fragen fortzubilden.

Ein gewaltiges Vorhaben! Aber es schien so, als ob die Inder nur darauf gewartet hätten, daß eine solche Organisation geschaffen wurde. Innerhalb von nur einem Monat traten dem NIC dreihundert Inder aus allen sozialen Schichten und aus den verschiedensten Religionen bei.

Als Gandhi es gar erreichte, trotz erbitterter Widerstände seiner weißen Kollegen am Obersten Gerichtshof von Natal als Anwalt zugelassen zu werden, erreichte seine Popularität ihren ersten Höhepunkt. Bereits vier Monate nach der Eröffnung seiner Anwaltspraxis drängelten sich die Klienten in den kleinen Räumen seines Büros nahe der West Street in Durban. Auch die Presse war auf den seltsamen kleinen Inder aufmerksam geworden, der so viel Wirbel veranstaltete.

Doch es gab auch viel Kritik. Vor allem die Zeitungen aus Transvaal überzogen den jungen Rechtsanwalt mit beißendem Spott. »Vergißt denn dieser Kuli-Anwalt völlig«, so eine Zeitung, »daß Indien ein Land mit zweihundertfünfzig Millionen Einwohnern ist? Und daß dieses Land von nur einer Garnison Briten beherrscht wird? Zeigt nicht allein dies schon die Sklavenmentalität der Inder? Und hier, in Südafrika, wollen sie sich plötzlich als die Herren aufspielen!«

Solche Kritik schmerzte. Schließlich war es ja richtig, daß nicht nur in Südafrika die Lage der Inder verbessert werden mußte. Auch Indien selbst war unter britischer Herrschaft, und die Erlangung der Unabhängigkeit war nicht in Sicht.

Auch ein Artikel der Johannesburger ›Critic‹ traf Gandhi tief. Die Zeitung fragte höhnisch nach, wie denn die Inder mit ihrer Kaste der Unberührbaren umgingen. Waren sie nicht auch Ausgestoßene der Gesellschaft? Und hatten unter diesen Umständen Leute wie dieser kleine braune Rechtsanwalt das Recht, die Europäer zu kritisieren, wenn sie sich diesen Gepflogenheiten anpaßten?

Der Artikel war eine böse Polemik, aber Gandhi spürte doch den wahren Kern hinter diesen Zeilen. Man weiß nicht, ob er schon damals beschloß, für die Rechte der Unberührbaren in der indischen Gesellschaft einzutreten.

Sicher ist jedoch, daß der Artikel im ›Critic‹ einen nachhaltigen Eindruck bei ihm hinterließ.

Doch im gleichen Maße, in dem der Rechtsanwalt in den burischen und britischen Zeitungen auf Kritik stieß, wuchs seine Bekanntheit bei seinen indischen Landsleuten. Unermüdlich setzte er seine Arbeit für den Natal Indian Congress fort, organisierte Diskussionsveranstaltungen, gründete eine Natal-indische Erziehungsvereinigung, in der Kinder in Geschichte und Kultur ihrer Heimat unterrichtet werden sollten, und hielt Kurse für Hauswirtschaft und Hygiene ab. Seine größte Popularität erreichte er jedoch durch den Fall des Kontraktarbeiters Balasundaram.

Kontraktarbeiter waren Inder, die für einen gewissen Zeitraum, meist fünf Jahre, mit einem festen Arbeitsvertrag in Südafrika arbeiteten. Es waren meist die Ärmsten der Armen, die mit hohen Versprechungen von Werbekolonnen in Indien zu den Rekrutierungsbüros gelockt wurden. Sie hatten selten etwas zu verlieren, und so ließen sie sich willig ihre letzten Habseligkeiten abnehmen, um so die Überfahrt bezahlen zu können.

Auf Schiffen wie Sklaven zusammengepfercht, wurden sie nach Südafrika gebracht und mußten dort bei den meist britischen Plantagenbesitzern einen Arbeitsvertrag, einen Kontrakt, unterschreiben, der sie für die Dauer des Vertrages an ihren Arbeitgeber band. Während dieser Jahre war ihr Los oft schlimmer als das der früheren Negersklaven. Denn Sklaven waren teuer, man mußte deshalb dafür sorgen, daß ihnen nichts geschah. Kontraktarbeiter standen dagegen in beliebiger Zahl zur Verfügung.

Und sie waren billig. Nur siebenundachtzig Pfund konnte so ein Inder im Verlauf von zehn Jahren verdienen. Und durch die Bedingungen des Kontraktes, den die meisten Arbeiter überhaupt nicht lesen konnten und durch Fingerabdruck unterzeichnet hatten, waren die Kontraktarbeiter in die Rolle von Leibeigenen geraten: Sie mußten vom Morgengrauen bis zur Abenddämmerung arbeiten, durften sich ohne schriftliche Erlaubnis nicht von ihrem Arbeitsplatz entfernen und benötigten sogar die Zustimmung ihres Herrn, wenn sie vor Gericht ihre Rechte durchsetzen wollten. Kein Wunder, daß es unter diesen Bedingungen kaum vor Gericht kam, daß auf vielen Plantagen Mißhandlungen von Kontraktarbeitern an der Tagesordnung waren und nicht wenige Inder unter den unmenschlichen Bedingungen starben.

Mohandas Gandhi hatte bisher in anderen Kreisen verkehrt. Schon durch seine Kastenzugehörigkeit, noch mehr aber durch den Umgang mit Kaufleuten und Kleinhändlern, war er mit einfachen Arbeitern nicht in Kontakt gekommen. Dies änderte sich jedoch, als eines Morgens heftig an die Tür seines Anwaltsbüros geklopft wurde.

Die Tür flog auf, und im Rahmen stand ein Tamile, der verlegen seinen Turban in den Händen drehte. Er sah ganz furchtbar aus. Seine Kleidung war zerrissen, sein Gesicht blutig und geschwollen. Gandhi sprang auf und führte den Mann zu einem Stuhl.

Nachdem er sich etwas beruhigt hatte, begann der Tamile langsam und stockend zu reden. Sein Name war Balasundaram, wie viele andere war auch er als Kontraktarbeiter angeworben worden und hatte sich auf den Weg nach Südafrika gemacht, um dort etwas Geld zu verdienen. Aber schon die Überfahrt erwies sich als Alptraum. Mit anderen Leidensgenossen unter Deck zusammengepfercht, in stickiger Luft und mit schlechter Nahrung, mußte er die langen Tage der Reise ausharren. Viele starben, sie wurden von der Mannschaft einfach über Bord geworfen.

Kaum in Durban angekommen, geriet Balasundaram

an einen Plantagenbesitzer, der eine besondere Freude daran hatte, seine Leute zu quälen. Balasundaram wurde geschlagen und mißhandelt. Monatelang hatte er diese Behandlung ausgehalten, dann war er fortgelaufen. Er würde nicht mehr zurückgehen. Um keinen Preis. Lieber würde er sterben. Ob der Herr Rechtsanwalt nicht etwas für ihn tun könnte?

Gandhi war erschüttert. Aber was konnte er tun? Den Plantagenbesitzer zu verklagen, erschien aussichtslos. Die einzige Möglichkeit war, Balasundaram einen neuen Arbeitsplatz zu beschaffen. Dazu mußte sein Arbeitsvertrag vom Gericht für ungültig erklärt werden. Es kostete Gandhi viel Mühe, aber schließlich erreichte er, daß Balasundaram einen neuen Kontrakt eingehen konnte. Der Tamile war überglücklich über diesen bescheidenen Erfolg. Und die Kunde von dem Anwalt, der ein Herz für die Kontraktarbeiter hatte, verbreitete sich in Windeseile auf den Plantagen.

Gandhi fand nun keine Ruhe mehr. Immer mehr Arbeiter strömten in sein Büro, um ihr Los mit seiner Hilfe wenigstens etwas zu erleichtern. Der junge Rechtsanwalt hörte Tag für Tag neue, erschütternde Leidensgeschichten von seinen Landsleuten.

Immer deutlicher spürte er, daß er hier in Südafrika gebraucht wurde. Doch bevor er seine Arbeit fortsetzen konnte, mußte er seine Familie wiedersehen. Erneut bereitete er sich auf die Abfahrt nach Indien vor. Sobald über die Wahlgesetze entschieden sein würde, wollte er abreisen.

Am 13. Mai 1896 war es dann soweit. Die Wahlgesetze wurden, trotz aller Proteste der Inder, trotz Petitionen und Tausenden von Unterschriften, fast unverändert eingeführt. Gandhi und der Natal Indian Congress hatten ihre erste schwere Niederlage erlitten.

Erbittert stieg Gandhi drei Wochen später auf ein Schiff, das ihn nach Kalkutta bringen sollte. Er wollte seine Familie wiedersehen, sicherlich. Aber er würde auch in Indien auf das Unrecht hinweisen, das hier in Südafrika seinen Landsleuten geschah. Er würde nicht aufgeben.

8. Ahimsa – ohne Gewalt

Die Zeit, die Mohandas Gandhi in Indien blieb, war kurz, aber er wußte sie zu nutzen.

Einige indische Zeitungen hatten über seinen Kampf in Südafrika berichtet, vor allem über sein Eintreten für den Kontraktarbeiter Balasundaram. So fand er in den Redaktionsstuben offene Ohren, als er sich an die Presse wandte, um über das Schicksal der indischen Minderheit von Natal zu berichten. Sein ›Green Pamphlet‹, eine eindringliche Schrift, die er diesem Thema widmete, fand reißenden Absatz. Mit einem Schlag war Mohandas Gandhi populär geworden.

Er traf sich mit Gopal Krishna Gokhale, einem der Führer der indischen Unabhängigkeitsbewegung, die sich im Indian National Congress organisiert hatte. Von der ersten Minute an mochten sich die beiden Männer, der große alte Mann der indischen Politik und der junge, politisch immer noch unerfahrene Rechtsanwalt. Eine Freundschaft entstand, die Mohandas Gandhi tief beeinflussen sollte. Gokhale unterstützte ihn bei Vortragsreisen, die er inzwischen in verschiedene indische Städte unternahm. Und er trat ihm mit Rat und Tat zur Seite, als er versuchte, die unterschiedlichsten politischen Parteien für die Unterstützung seiner Sache zu gewinnen.

Doch bereits nach knapp fünf Monaten mußte Gandhi Indien wieder verlassen. Dada Abdullah hatte ihm ein Telegramm geschickt mit der Bitte, so schnell wie möglich nach Südafrika zurückzukommen. Die Freiheiten der dortigen Inder wurden immer mehr beschnitten, es kursierten sogar Pläne, sie in Ghettos unterzubringen.

Wieder machte sich Mohandas reisefertig, doch dieses Mal wurde er von seiner Frau und seinen beiden Kindern begleitet. Die Überfahrt wurde für Kasturba und ihre Söhne zur Tortur. Ihr Mann, der immer noch Wert auf den europäischen Lebensstil legte, zwang ihr und den Kindern europäische Kleidung auf. Aller Widerstand Kasturbas nützte nichts. Mit seinem neu erwachten Selbstvertrauen brachte er sie dazu, sich anzupassen.

»Die Schuhe zwängten ihre Füße ein«, erinnerte sich Gandhi später, »und die Strümpfe stanken nach Schweiß. Die Zehen wurden wund. Ich hatte auf ihre Klagen immer eine Antwort. Aber es war wohl meine Autorität, die sie überzeugte. Mit noch größerem Widerwillen gewöhnten sie sich an den Gebrauch von Messer und Gabel.«

Ob Gandhi seine Familie tatsächlich überzeugt hatte, oder ob Kasturba nur nachgab, weil ihre Rolle es von ihr verlangte, mag dahingestellt bleiben. Tatsache ist, daß Gandhi von ihr eine Umstellung verlangte, deren Größe kaum zu ermessen ist.

Die Ankunft in Durban bedeutete für Kasturba einen Schock. Im Hafen fanden Demonstrationen gegen die Landung der indischen Schiffe statt. Die Nachrichtenagentur Reuter hatte aus Gandhis Pamphlet einige mißverständliche Äußerungen zitiert, die daraufhin in südafrikanischen Zeitungen abgedruckt worden waren. Diese Artikel hatten helle Empörung hervorgerufen. Die

Europäer in Durban waren so in Zorn geraten, daß sie während Gandhis Abwesenheit eine »Schutzgemeinschaft gegen die Angriffe Gandhis« gegründet hatten. Nun übten sie auf die Behörden Druck aus, die Inder nicht an Land zu lassen. »Als die Kunde von der Einfahrt der ›Courtland‹ und der ›Naderi‹ bekannt wurde«, so berichtete am 16. Januar 1897 der ›Natal Advertiser‹, »hatte man allgemein den Eindruck, daß es den Indern nicht gut ergehen würde, wenn sie versuchen sollten, an Land zu gehen. Das Endziel der Demonstranten war unzweifelhaft die Verhinderung des Einlaufens der Schiffe um jeden Preis.«

Sechsundzwanzig Tage mußten die Inder auf den beiden Schiffen ausharren. Dann schien sich die Situation so weit beruhigt zu haben, daß man sie grüppchenweise an Land lassen konnte. Gandhi aber sollte bis zum Einbruch der Dunkelheit warten. Doch der junge Rechtsanwalt hielt sich nicht an den Ratschlag, und als er das Schiff verließ, wurde er von einigen aufmerksamen Bürgern erkannt. Im Nu rottete sich eine Menge von fünftausend Personen zusammen und begann ihn unter wütendem Schreien mit Flaschen, Steinen und Eiern zu bewerfen. Gandhi wurde hin und her gestoßen, unzählige Fäuste schlugen auf ihn ein, und hätte sich nicht die resolute Frau des Polizeipräsidenten einen Weg durch die Menge gebahnt und sich mit aufgespanntem Regenschirm vor den jungen Inder gestellt, wäre er wohl kaum mit dem Leben davongekommen.

Erst am nächsten Tag konnte Gandhi in persönlichen Erklärungen, die einige Zeitungen abdruckten, die mißverständlichen Äußerungen richtigstellen, und die Situation entspannte sich etwas.

Er eröffnete nun wieder seine Rechtsanwaltspraxis. Nun, da er mit seiner Familie gekommen war, benötigte er mehr Geld als früher. Er wollte standesgemäß, das heißt nach europäischen Maßstäben leben. Doch neben seiner Arbeit als Anwalt fand er immer noch genug Zeit, sich für eine Verbesserung der sozialen Lage der Inder einzusetzen. Er tat dies, wie er es gewohnt war, mit Petitionen, Eingaben und Artikeln, die er an die verschiedenen Zeitungen schickte. Die Artikel wurden zwar meistens gedruckt, schließlich war Gandhi spätestens seit den Krawallen in Durban eine öffentliche Person geworden, doch erreichen konnte er damit nichts.

Auch eine Klage beim Obersten Gerichtshof, mit der er dagegen protestierte, daß Inder künftig in Ghettos zusammengefaßt werden sollten, nützte nichts. Die Regierung in Transvaal machte den Anfang. »Um im Falle des Auftretens von Pest Maßnahmen ergreifen zu können«, ordnete sie den Zusammenschluß der Inder in Camps an. Die Begründung war sehr weit hergeholt. Die Behörden hatten bei den Indern fremdartige Vorstellungen von Hygiene festgestellt, und so galt allgemein die Ansicht, deren schmutzige Häuser würden die Entstehung von Krankheiten begünstigen. Ein willkommener Anlaß also, für die Inder Ghettos zu fordern.

Während Gandhi bei seinen politischen Bestrebungen relativ erfolglos blieb, blühte seine Anwaltspraxis erneut auf. Er hatte nun genügend Geld, ein Haus ganz im europäischen Stil zu führen, und Kasturba bekam zum ersten Mal die Möglichkeit, selbständig einen Haushalt zu besorgen. Doch sein Reformeifer war ungebrochen. Es fiel ihm bald auf, daß sich seine europäische Lebensweise für einen Inder nicht zieme. Gleichzeitig wollte er jedoch auch nicht zu den traditionellen Hindusitten zurückkehren. Vieles an diesen Sitten fand er reformbedürftig, so die strengen Kastenschranken und das Verhältnis zu den Unberührbaren.

Also wollte er mit gutem Beispiel vorangehen. Daß seine Frau ihn darin zu unterstützen hatte, war für ihn selbstverständlich.

Gandhi nahm eine Familie Unberührbarer in sein Haus auf und behandelte sie, als ob sie zu seiner eigenen Familie gehörte. Schließlich zwang er sogar seine Frau, das Zimmer der Familie zu reinigen und ihre Nachttöpfe zu leeren. Für Kasturba war dies eine Ungeheuerlichkeit. Der Umgang mit Fäkalien bedeutete für eine Hindufrau eine Verunreinigung in höchstem Maße. Diese Aufgabe blieb den Unberührbaren vorenthalten. Und nun sollte sie für Unberührbare die Töpfe leeren?

Nach langem Streit fügte sich Kasturba schließlich weinend. Aber Gandhi war noch immer nicht zufrieden. Scharf fuhr er seine Frau an, sie solle die Arbeit gefälligst mit fröhlichem Gesicht erledigen oder sein Haus verlassen. Kasturba schaute ihn erschrocken an. Wohin hätte sie gehen sollen, wenn er sie tatsächlich in diesem fremden Land vor die Tür gewiesen hätte? Und auch er erschrak, als ihm deutlich wurde, was er fast in seinem Jähzorn angerichtet hätte.

Kasturba fügte sich schließlich, und Gandhi fuhr fort, die Lebensverhältnisse seiner Familie zu verändern. Das Dienstmädchen wurde entlassen, Kasturba mußte nun die Wäsche selbst waschen. Um Kleidung und Haarschnitt kümmerte sich Gandhi selbst, auch wenn dabei Frisuren herauskamen, die den Spott von Freunden und Kollegen hervorriefen.

Kasturba fügte sich auch hier. Später sollte Gandhi feststellen, daß er von der Fähigkeit zu dulden, wie seine Frau sie bewies, viel gelernt hatte. Denn sie war letztendlich immer Siegerin geblieben, auch wenn er sie zum Weinen oder fast zum Verzweifeln gebracht hatte. Sie beeinflußte weiter die Entwicklung innerhalb der Familie, ohne sich ihrem Mann gewaltsam zu widersetzen. *Ahimsa* nennen die Hindus eine solche Haltung, ein Ziel ohne Gewaltanwendung oder das Verursachen von Schmerzen zu erreichen.

Ahimsa sollte für Mohandas Gandhi einige Jahre später die Grundlage seines politischen Kampfes werden.

9. Im Burenkrieg

Gold und Diamanten schaffen Feinde. Und Begehrlichkeiten. 1867 beobachteten zwei Männer in der Nähe des Oranje-Flusses zwei Kinder beim Murmelspielen. Da kniete sich eines plötzlich nieder und griff sich einen Kiesel heraus. Der glatte, runde Stein schimmerte im Sonnenlicht hell auf. Ein besonders schönes Exemplar. Zu schade für so ein Kinderspiel.

Auf die Bitten des Mannes, der sich Schalk von Niekerk nannte, gaben die Kinder den Stein heraus. Niekerk ritt nachdenklich nach Hause. Immer wieder mußte er an diesen glitzernden Kiesel in seiner Tasche denken. Was für eine Steinsorte war das wohl? Ein Mineraloge, dem er das schöne Exemplar zeigte, klärte ihn auf. Niekerk hatte von den Kindern einen Diamanten mit dem Gewicht von einundzwanzigeinhalb Karat geschenkt bekommen. Sein Wert betrug die enorme Summe von fünfhundert englischen Pfund.

Die Kunde verbreitete sich wie ein Lauffeuer. In Südafrika gab es Diamanten! Schöne, große Diamanten. In großer Zahl. Und Gold! Gold, das ohne großen Aufwand aus dem Boden geholt werden konnte. Die Zeit der

Glücksritter setzte ein. Die Gold- und Diamantenfelder wurden überschwemmt von Männern, die hofften, durch Gold- und Diamantenfunde ein neues Leben beginnen zu können. Sie lockten aber auch jene an, die sich mehr davon versprachen: Macht und unbegrenzten Reichtum.

Einer jener Sorte von Männern war der Brite Cecil Rhodes. Rhodes, geboren in dem Jahr, in welchem die Republik Transvaal ihre Unabhängigkeit erhielt, war der Sohn eines Geistlichen aus Natal. Nach einem Studium in England, das er wegen seines angegriffenen Gesundheitszustandes wieder abbrechen mußte, kehrte er zurück nach Südafrika. Er erkannte sofort die Möglichkeiten, welche sich ihm hier auf den Diamantenfeldern boten. Noch nicht mal zwanzig Jahre alt, brach Cecil Rhodes in die Diamantengebiete auf, die zumeist in den Burenstaaten lagen. Mit allen möglichen Dingen, die die Glücksritter dort brauchten, betrieb er einen lukrativen Handel. Mit dem Gewinn erwarb er Diamantenkonzessionen. Zusammen mit einem anderen Spekulanten gründete er die »Kompanie de Beers«. Knapp zehn Jahre später hatte er sich mit seiner Gesellschaft praktisch das gesamte Diamantenmonopol gesichert, schon 1885 waren seine Privateinkünfte größer als die der gesamten Republik Transvaal. Kein Wunder, daß es den mächtigen Mann nun in die Politik trieb. Er bekam einen Sitz im Parlament der Kapkolonie und wurde, nachdem London auf den jungen, ehrgeizigen Engländer aufmerksam geworden war, 1890 Premierminister der Kapkolonie. Sein Einfluß war nun ins Unermeßliche gewachsen.

Cecil Rhodes hatte einen Traum: Ein englisches Afrika, das vom Kap bis nach Kairo reichen sollte. Zu seiner Zeit war das Ziel fast erreicht. Nur wenige afrikanische Staaten hatten noch ihre Eigenständigkeit bewahrt und stemmten sich dem englischen Besitzdrang entgegen.

Einer dieser Staaten war die Republik Transvaal. Verständlich, daß sie Rhodes ein Dorn im Auge war. Vor allem ihr Präsident, der alte Paul Krüger, war sein unerbittlicher Gegner.

Paul Krüger hatte als Junge noch den großen Treck der Buren mitgemacht. Er war ein großer, eindrucksvoller Mann mit dröhnend tiefer Stimme, kaum gebildet, aber der anerkannte und allseits beliebte Führer der Buren. Wie kein anderer verkörperte er den Traum dieses Volkes von der Unabhängigkeit, den Haß der Buren auf das britische Imperium, aber auch ihren Glauben, als Weiße weit über den Farbigen im Land zu stehen.

Präsident Krüger lehnte jeden Versuch von Cecil Rhodes, Einfluß auf die Burenrepublik zu erhalten, rundweg ab. Auch Rhodes' Versuche, sich mit ihm zu versöhnen, hatten keinen Erfolg. Durch die Goldfunde bei Johannesburg reich und noch selbstbewußter geworden, zeigten die Buren den Briten die kalte Schulter. Es schien nur noch eine Frage der Zeit zu sein, wann ein Krieg ausbrechen würde.

Schließlich versuchte Rhodes, Paul Krüger durch einen geschickt eingefädelten Staatsstreich zu stürzen. Doch der Plan schlug fehl. London stritt jede Beteiligung an dem Komplott strikt ab, und Cecil Rhodes mußte 1895 zurücktreten. Ihm blieb jedoch weiter sein Einfluß über die De Beers Company, die übrigens noch heute das Diamantenmonopol in Afrika besitzt und auch in der Bundesrepublik Schmuck verkauft.

Nur vier Jahre dauerte es nach dem Rücktritt von Cecil Rhodes, da schien sein alter Traum von einem britischen Imperium vom Kap bis nach Kairo doch noch in Erfüllung zu gehen. Am 11. Oktober 1899 brach zwischen der Republik Transvaal und Großbritannien der Krieg aus.

Die Vorgänge, die zu dem Kriegsausbruch geführt hatten, waren in Durban mit atemloser Spannung verfolgt worden. Bei den Treffen des Natal Indian Congress konnten sich die Inder einfach nicht darüber verständigen, wie sie sich in dem kommenden Konflikt verhalten sollten. Gandhis Ansicht war allerdings eindeutig.

»Wenn wir die Rechte eines britischen Staatsbürgers wollen«, so wiederholte er bei den Versammlungen immer wieder, »dann müssen wir auch die Pflichten tragen! Ich denke, daß wir die Engländer unterstützen sollten, ganz gleich, ob sie im Recht sind oder nicht!«

»Und wie sollen wir sie unterstützen?« meldete sich im Hintergrund ein Mohammedaner. »Ich habe nie gelernt zu kämpfen. Mein ganzes Leben habe ich noch keine Waffe in der Hand gehabt. Wie die meisten von uns. Habe ich recht?«

Zustimmendes Gemurmel antwortete ihm.

Aber Gandhi gab sich nicht geschlagen.

»Gut, wir können nicht mit Waffen umgehen. Ich kann es auch nicht. Aber was wir können, ist, unsere Pflicht zu tun. Ebenso wie die anderen Briten können wir Inder uns auf dem Schlachtfeld bewähren. Es gibt auch andere Aufgaben als das Kämpfen in einem Krieg. Sie sind nicht weniger wichtig, wenn man einen Krieg gewinnen will.«

»Und welche?« Die Frage kam von einem elegant gekleideten Inder mit weißem Turban. »Ich bin Hindu. Und deshalb werde ich nicht töten. Einerlei, ob für die Briten oder für ein anderes Volk. Soll ich mich versündigen?«

Gandhi begann ärgerlich zu werden.

»Ihr denkt nur an das Kämpfen und Töten. Es gibt noch andere Aufgaben. Warum gründen wir nicht ein Sanitätskorps? Oder verbietet dein Glaube dir auch, Verwundete zu bergen und zu pflegen?« Bei den letzten Worten war seine Stimme scharf geworden.

»Nein, das nicht!« Der Hindu schien nicht mehr zu

wissen, was er entgegnen sollte, aber überzeugt war er nicht, das war offensichtlich. Gandhi betrachtete ihn schweigend. Plötzlich schien er wieder versöhnt.

»Du brauchst nicht mitzumachen, wenn du nicht willst«, sagte er schließlich fast sanft. »Aber ich habe mich dazu entschlossen, ein Sanitätskorps zusammenzustellen. Nur aus Freiwilligen, wohlgemerkt. Daß wir nicht kämpfen können, ist nicht unsere Schuld, und für manchen von uns kann es vielleicht zum Unglück werden. Aber ich bin fest entschlossen, unserer gemeinsamen Königin zu zeigen, daß wir ebenso ihre Söhne sind wie alle anderen Briten. Und daß sie sich auf uns verlassen kann.«

Er schaute noch einmal auffordernd in die Runde.

»So, und jetzt frage ich euch, wer mich dabei unterstützen will.«

Die Anwesenden richteten ihre Blicke betreten zu Boden. Gandhi wartete, dann, immer noch zögernd, hob sich die erste Hand.

Wenige Wochen später bot Gandhi sein indisches Sanitätskorps der Britischen Kommandantur an. Durch eifriges Werben hatten sich schließlich eintausendeinhundert Inder bereit erklärt, als Ambulanztruppe verwundete englische Soldaten zu bergen und zu verpflegen.

Nach einigem Zögern wurde dieses Angebot angenommen. Die Buren waren wider Erwarten sehr erfolgreich gewesen. In der Armee des Empires brauchte man nun jeden Mann. Die indischen Freiwilligen zogen also in den Krieg. Von den spitzen Sanitätszelten aus rannten sie mit ihren Bahren bis zu den vordersten Linien und bargen inmitten des Kugelhagels der schweren Feldgeschütze Verwundete, schleppten sie zurück, um gleich wieder nach vorne zu laufen, wo sich ihre britischen Kameraden mit zerschossenen und zerquetschten Gliedern schreiend im Blute wälzten.

Überall in den Zeitungen konnte man das Lob auf diese tapferen Inder nachlesen. Waren sie schließlich nicht auch die Söhne des Empires, mit den gleichen Pflichten und Rechten, die auch Weiße hatten? Und ging der Krieg nicht gegen die Buren, weil sie in ihrer Rassenpolitik so unbelehrbar waren? Kein Wort fand man in den Gazetten über den wahren Grund des Krieges, den Kampf um Macht, Einfluß, Gold und Diamanten. Aber auch kein abfälliges Wort über die indische Minderheit, vor dem Krieg so oft gehört, war mehr zu lesen.

Auch von dem beispiellosen Terror, mit dem die Briten den Krieg führten, erfuhr man nichts. Nachdem sich im Frühjahr 1900 das Blatt zu ihren Gunsten gewendet hatte, begann ein gnadenloser Feldzug gegen die burische Bevölkerung. Männer und Frauen, Kinder und Greise wurden eingefangen, wo man ihrer habhaft werden konnte. Gehöfte und Ernten wurden verbrannt und verwüstet, die Menschen selbst in sogenannten »concentration camps« zusammengetrieben. Krank und dem Verhungern nahe, vegetierten bis zu 250 000 Buren in diesen Lagern dahin, nicht wenige starben. Erst vierzig Jahre später sollte die Grausamkeit solcher Konzentrationslager noch übertroffen werden, dann allerdings auf deutschem Boden.

Für Gandhi und seine Freunde war zu dieser Zeit der Krieg allerdings schon zu Ende. Kaum hatten die Briten ihre anfänglichen Verluste überwunden und die Oberhand über die Buren gewonnen, schickten sie das indische Korps, reich dekoriert mit Ehrungen, nach Hause. Den schmutzigen Teil des Krieges, den gegen die Zivilbevölkerung, wollten sie ohne indische Zeugen durchführen.

Gandhi glaubte, daß mit den zunehmenden Erfolgen der Briten auch die künftigen Rechte seiner Landsleute gesichert seien. Der Krieg stand unmittelbar vor dem Ende, die Buren waren bereits vernichtend geschlagen.

Danach, vor allem nach dem aufopfernden Einsatz seiner Truppe, würde man den Indern ihre Bürgerrechte nicht vorenthalten können. Davon war er überzeugt. Man benötigte ihn also nicht mehr in diesem Land. Er konnte wieder heimkehren in sein Indien, wohin es ihn immer deutlicher zurückzog.

Im Oktober 1901, sieben Monate vor der Kapitulation der Buren, verließ er mit seiner Familie das Land am Kap. Kasturba freute sich darauf, das fremde Land verlassen zu können, in dem sie sich nie richtig heimisch gefühlt hatte. Ihre Freude sollte nicht lange dauern.

10. Von Indien wieder zurück nach Südafrika

Ganz neue Eindrücke stürmten auf den Rechtsanwalt Mohandas Gandhi ein, seit er wieder in Indien war. »Reisen Sie durch Ihre Heimat«, hatte sein Freund Gokhale zu ihm gesagt, »lernen Sie es kennen!«

Er hatte den Ratschlag befolgt. Mit dem Zug, in Abteilen dritter Klasse, war er kreuz und quer durch das Land gereist. Was er gesehen hatte, war schockierend gewesen. War dies sein Indien, auf das er so stolz war, das Indien seiner behüteten Kindheit, seiner bürgerlichen Familie?

Plötzlich wurde ihm die Armut dieses Landes bewußt. Er war bestürzt über das Bettlerunwesen in den Städten, über diese ausgemergelten Gestalten, die nur noch fähig waren, ihre geöffneten Hände den Almosen entgegenzustrecken. Oder die Kleinbauern, die unter der drückenden Steuerlast zusammenbrachen, bis sie ihre Höfe verschleudern mußten, um selbst zu Tagelöhnern oder Bettlern zu werden. Und dazu der Hochmut der britischen Herren, die Stadt und Land kontrollierten, und für die ein Inder nichts weiter war als eine armselige Null.

Hier gab es Arbeit genug. Es galt, Indien in die Unabhängigkeit zu führen. Zunächst aber mußten die Menschen dieses Landes ihr Vertrauen zu sich selbst wiedergewinnen. Mohandas Gandhi verstand auf einmal, welch schwierige Aufgabe Gokhale sich selbst gestellt hatte. Und er verstand nun erst richtig die Ziele des Indian National Congress. Bedauerlich war nur, daß der INC wiederum in einzelne Grüppchen zerfiel, die einander eifersüchtig beargwöhnten.

Doch wie man es besser machen könnte, davon hatte Gandhi zu diesem Zeitpunkt noch keine klare Vorstellung. Zunächst kamen auch noch andere Probleme auf ihn zu. Sein Sohn Manilal war schwer erkrankt, Mohandas mußte ihn pflegen. Vielleicht half ja die streng vegetarische Diät, die er sich ausgedacht hatte. Dann seine Praxis in Bombay. Er würde um Klienten werben müssen, denn die Einkünfte und Ersparnisse waren aufgezehrt. Dazu noch die schlechten Nachrichten, die er von Dada Abdullah aus Südafrika erhielt.

Vor dem Burenkrieg hatten sich die Inder frei im Land bewegen können. Und nun, kaum war der Krieg vorbei, benötigte man eine Genehmigung, wollte man von Natal nach Transvaal reisen. Sogar eine eigene Behörde hatten die Briten für diesen Zweck eingerichtet, das sogenannte »Asiatic Department«. War das der Dank für den Einsatz im Burenkrieg? War es das, was die Zeitungen gemeint hatten, als sie von den »Söhnen des Empires« geschwärmt hatten? Wurde man so schnell vom Sohn wieder zum Kuli?

Schließlich kam das Telegramm:

»Chamberlain wird hier erwartet. Bitte sofort zurückkehren!«

Natürlich würde er nach Südafrika reisen. Seinen kranken Sohn konnte er allerdings nicht mitnehmen. Deshalb mußte er auch die übrige Familie zurücklassen. Doch er wollte ja nur einige Wochen bleiben.

Es sollten zwölf Jahre daraus werden.

Joseph Chamberlain war ein hochgewachsener Mann mit schmalem Gesicht und feinen Gesichtszügen. Wo möglich, trat er mit einem Monokel im rechten Auge auf, was ihm einen leicht arroganten Ausdruck verlieh. Er galt bei Freund und Feind als ausgezeichneter Wirtschaftsexperte und geschickter Taktiker. So hatte man ihm den schwierigen Posten eines Kolonialministers übertragen. Sein Besuch in Südafrika bot also die Möglichkeit, direkt bei der britischen Regierung für die Rechte der Inder vorstellig zu werden.

Gleich nach seiner Ankunft versuchte Mohandas Gandhi einen Gesprächstermin bei Chamberlain zu erhalten. Lange ohne Erfolg. Mittlerweile wurde auch deutlich, aus welchen Gründen der Minister nach Südafrika gekommen war. Die britische Regierung war an einer Aussöhnung mit den Buren interessiert, Chamberlain sollte dies in die Wege leiten.

Trotzdem, nach vielen vergeblichen Versuchen wurde Gandhi eine Audienz gewährt. Regungslos hörte sich der Minister aus London die Klagen des kleinen Rechtsanwaltes an. Dann herrschte einige Augenblicke Schweigen. Schließlich griff Chamberlain in die Tasche seiner Weste, förderte sein Monokel zutage und klemmte es sich in das rechte Auge.

»Tut mir leid, Mr. Gandhi«, kam schließlich seine spröde Stimme. »Ich kann in diesem Punkt nichts für Sie tun. Sie wissen ja, die Königliche Regierung hat nur wenig Einfluß auf die sich selbst regierenden Kolonien.«

Die Audienz war beendet.

11. Aufbau der Phoenix-Farm

Das besiegte Transvaal war nun also britische Kronkolonie. Viel Geld mußte in das zerstörte Land gepumpt werden, wollte man es vor dem Ruin bewahren: Die Buren mußten wieder angesiedelt, die zerstörten Höfe aufgebaut und das Vieh ersetzt werden. Für die sozialen Belange der Inder blieb da nichts übrig. Im Gegenteil. Ihre Rechte wurden nun auch unter den Briten immer weiter eingeschränkt. Hilfe war nicht zu erwarten, auch nicht vom Asiatic Department, das eigentlich die Asiaten schützen sollte.

Gandhi spürte, daß er nun mehr denn je hier gebraucht wurde. Beim höchsten Gerichtshof in Transvaal, dem »Transvaal Supreme Court«, ließ er sich als Rechtsanwalt eintragen. Seine neue Praxis wollte er in Johannesburg errichten, dieser Goldgräberstadt, die trotz der vergangenen Kriegsjahre immer noch unaufhörlich wuchs. Arbeit gab es hier genug. Korrupte Polizisten und Beamte, die mit Billigung der Behörden von den asiatischen Kaufleuten Schutzgelder erpreßten, mußten vor Gericht gebracht, unschuldig angeklagte Inder verteidigt werden.

Sein kleines Kanzleibüro an der Ecke Rissik- und Andersonstraße war bereits wenige Wochen nach seiner Eröffnung überlaufen, so schnell hatte sich die Arbeit des jungen Rechtsanwaltes herumgesprochen. Obwohl Mohandas nur von den Klienten Geld nahm, die es sich leisten konnten, dauerte es nicht lange, bis er ein recht ansehnliches Einkommen hatte. Trotzdem wohnte er weiterhin in dem kleinen Zimmer, das er bei seiner Ankunft in der Nähe des Büros gemietet hatte. Bei all dem Elend, das er in den letzten Jahren erlebt hatte, kam es ihm vermessen vor, im Wohlstand zu leben.

An den Abenden, wenn er erschöpft von der Arbeit aus seinem Büro nach Hause kam und keine Protestveranstaltung auf ihn wartete, nahm er seine religiösen Studien wieder auf. Waren es früher christliche und islamische Lehren, mit denen er sich beschäftigt hatte, so vertiefte er sich nun in das indische Schrifttum. Er korrespondierte mit indischen Philosophen, las nachts die Bhagavadgita, den »Gesang des Erhabenen«. Die Bhagavadgita ist ein Teil des indischen Heldenepos ›Mahabharata‹, einer über zweitausend Jahre alten Schrift. Für die Hindus ist die Bhagavadgita ein heiliges Buch, ein ethischer Leitfaden zum Handeln.

Schon während seiner Studienzeit in London hatte er die Bhagavadgita in englischer Übersetzung gelesen, und sie hatte einen großen Eindruck auf ihn gemacht. Nun studierte er sie fast täglich. Schritt für Schritt lernte er die siebenhundert Verse auswendig. Besonders sieben Verse aus dem zweiten Gesang beeindruckten ihn:

> »Wenn man an Sinnesdinge denkt, entsteht
> Lockung; die Lockung zeugt Begierde; Gier
> Entbrennt zu Leidenschaft, die Leidenschaft
> Zeugt Leichtsinn: das betrogene Gedächtnis
> Läßt allen edlen Vorsatz kläglich fahren
> Und ein Gedanke nur durchwühlt den Geist,
> Bis es um Vorsatz, Geist und Mensch geschehn.«

Immer wieder las er diese Zeilen. War hier nicht ausgesprochen, was ihm in seinem sechzehnten Lebensjahr widerfahren war? Die Gier, die Leidenschaft zu seiner Frau, war dies nicht daran schuld gewesen, daß er nicht am Bett seines Vaters ausgeharrt hatte, als dieser starb?

Aber was waren die Sinnesdinge, vor denen die Bhagavadgita warnte? Nur die sexuellen Leidenschaften? Sicher nicht. Auch Besitz oder der Wunsch nach Macht, auch die

Lust an einfachen Freuden wie einem guten Essen waren »Sinnesdinge«. Wenn sie einen daran hinderten, einen »edlen Vorsatz« durchzuführen, nun, dann mußte man sich eben in Bedürfnislosigkeit üben. Sie würde den Geist für praktische Taten frei machen.

Mohandas Gandhi war von diesen Lehren so beeindruckt, daß er seine Lebensführung noch mehr vereinfachte. Das Geld, das er früher an seinen Bruder geschickt hatte, der ja immer noch seine Frau und seine Kinder versorgte, spendete er nun der indischen Kolonie, damit ihren armen Mitgliedern geholfen werden konnte. Vegetarismus, Verzicht auf fleischhaltige Nahrung, war von ihm schon immer geübt worden. Bis auf einige wenige Versuche in der Kindheit, die er nicht gerade in glücklicher Erinnerung hatte, hatte er Fleisch, getreu dem Hinduglauben, nie angerührt. Doch nun sah er die vegetarische Ernährung zunehmend auch als Lebensform an. Er begann, von seinem gesparten Geld zwei vegetarische Restaurants in Johannesburg zu unterstützen.

Besonders am Herzen lag ihm jedoch immer noch die politische Arbeit. Die ›Indian Opinion‹, eine Zeitschrift, die Woche für Woche in Englisch und in den indischen Sprachen Tamil, Gujarati und Hindi erschien, war ein wichtiges Informationsmittel innerhalb einer Gemeinschaft, in der viele kein oder nur mangelhaftes Englisch sprachen. Deshalb verwandte Gandhi auch den größten Teil seines Einkommens darauf, die Zeitung finanziell zu unterstützen. Ohne Erfolg. Da die Ausgaben beständig die Einnahmen überstiegen, stand das Projekt im Oktober 1904 unmittelbar vor dem Bankrott.

Gandhi beschloß, nach Durban zu fahren, wo die Redaktion der Zeitung ihren Sitz hatte. Vielleicht konnte man das Blatt doch noch retten. Vierundzwanzig Stunden würde die Reise dauern, obwohl die Eisenbahnlinie zwischen Johannesburg und Charlestown längst fertiggestellt war. Doch die Zeit sollte wie im Flug vergehen.

Henry Pollak, ein Redakteur des ›Critic‹, den Gandhi in einem vegetarischen Speisehaus kennengelernt hatte, erschien wenige Minuten vor der Abfahrt des Zuges und drückte ihm ein kleines Büchlein in die Hand.

»Für die Reise!« rief er und lief winkend dem davonstampfenden Zug hinterher. »Lesen Sie es, es wird Ihnen sicher gefallen!«

Gandhi ließ sich auf den Sitz fallen und betrachtete den Umschlag. ›Unto this Last‹, stand dort. ›Diesem Letzten‹, und geschrieben war es von einem gewissen John Ruskin.

»Es war unmöglich, das Buch beiseitezulegen«, erinnerte sich Gandhi später, »es nahm mich völlig gefangen. Ich glaube, ich fand einige meiner tiefsten, zum Teil noch unbewußten Überzeugungen in diesem großartigen Buche widergespiegelt, und deshalb nahm es mich so gefangen, daß ich beschloß, mein Leben nach diesem Buch umzugestalten.«

Ruskin hatte sein Buch gegen die entwürdigenden Zustände innerhalb des englischen Industriesystems geschrieben. Wie viele seiner Zeitgenossen war er schockiert von den Bedingungen, unter denen die britischen Arbeiter leben mußten. Hungerlöhne, menschenunwürdige Unterkünfte und aus der Not der Familien geborene Kinderarbeit waren die abschreckende Seite des glorreichen britischen Wohlstandes. Ruskin setzte diesen Zuständen seine ethischen Forderungen entgegen.

Nicht der Gewinn des einzelnen sollte das Ziel aller Arbeit sein, sondern das Wohl der Gemeinschaft. Um dieses Wohl aller zu erreichen, sollten alle Mitglieder einer Gesellschaft zusammenarbeiten, jeder an seinem Platz. Keiner, erst recht nicht der einfache Arbeiter, sollte wegen seiner Arbeit verachtet werden. Im Gegenteil, die körperliche Arbeit eines Bauern oder Handwerkers zog Ruskin allen anderen Tätigkeiten vor. Körperliche Arbeit und eine Gesellschaft, die auf den Leistungen der einzelnen Mitglieder und nicht auf Geld aufgebaut war, das war Ruskins Vorstellung von einer idealen Gesellschaft.

Kaum in Durban angekommen, war Gandhi entschlossen, diese Ideen in die Tat umzusetzen. Schon nach wenigen Tagen hatte er in der Nähe der Stadt ein Grundstück gefunden, das für seine Pläne geeignet schien: Er wollte eine Farm gründen, auf der man mit Freunden zusammenleben konnte, die man mit einfacher körperlicher Arbeit bewirtschaften und wo man in der Freizeit die ›Indian Opinion‹ drucken konnte. Dadurch konnte er gleichzeitig seinem Leben einen neuen Sinn geben und das Erscheinen dieser überaus wichtigen Zeitung sichern.

Die Mitarbeiter der ›Opinion‹ stimmten diesen Plänen enthusiastisch zu. Energisch ging man an die Arbeit. Das verwilderte Gelände mußte kultiviert werden, Hütten wurden errichtet, zu Gandhis Kummer aus Wellblech und Holz, aber der Bau von soliden Lehmhäusern wäre für die kleine Gemeinschaft zu teuer geworden. Es brauchte über ein Jahr angestrengter Arbeit, bis endlich die erste Zeitung in der kleinen Siedlung erscheinen konnte. Sie bestand nur aus einem Blatt und war mit der Hand gedruckt worden, weil ausgerechnet in dieser Nacht der Motor der Druckerpresse ausgefallen war. Die Zeitung sollte nun regelmäßig erscheinen, Woche für Woche. Das Weiterleben der ›Indian Opinion‹ war damit gesichert. Grundlage dafür war die wirtschaftliche Gesundheit des ganzen Anwesens, das nach einem nahegelegenen Dorf »Phoenix-Farm« genannt wurde. Mit einer unglaublichen Energie hatten die Männer in kürzester Zeit erreicht, daß die Farm sich selbst trug, ja sogar einen kleinen Gewinn abwarf. Sie waren in dieser Zeit gemeinsamer Arbeit zu einer verschworenen Gemeinschaft geworden, und so wußte Gandhi die Farm in guten Händen, als er den immer dringender werdenden Bitten seiner Freunde nachgab und sich entschloß, nach Johannesburg zurückzukehren.

An eine baldige Rückkehr nach Indien dachte er damals längst nicht mehr. Hier brauchten ihn seine Landsleute, hier war er unentbehrlich. Für das zunehmende Selbstvertrauen des ehemals schüchternen jungen Mannes war das Gefühl, gebraucht zu werden, sicherlich wichtig.

Gandhi telegrafierte also nach Hause und ließ seine Familie nachkommen.

12. Kampf gegen die Registrierungsgesetze

»Südafrika ist Teil der westlichen Zivilisation! Die Inder dagegen, nun, sie sind eben Orientalen. Sie gehören einer anderen Kultur an!«

Die Zuhörer klatschten begeistert, aber der Redner auf dem Podium hob die Hand.

»Ich habe nichts über den Wert dieser Kultur gesagt. Darum geht es nicht. Es geht nur darum, daß sich hier zwei Zivilisationen gegenüberstehen, die niemals zusammenkommen können. Schauen wir doch unser Land an. Selbst hier, wo nur kleine Gruppen von Vertretern dieser beiden Kulturen aufeinanderstoßen, kostet es uns Mühe, eine Explosion zu vermeiden.«

Die Menschen in dem Saal, in dem die politische Versammlung stattfand, nickten bestätigend mit dem Kopf. Wie recht dieser Engländer doch hatte. Auch für einen Buren konnte es da keine Einwände geben.

»Aber, meine Freunde, wir wollen die Sache doch nüchtern betrachten. Wenn wir politisch denken, dürfen wir nicht nach albernen Vorurteilen entscheiden. Es geht also gar nicht darum, welche Kultur die bessere ist, die unsrige oder die der Inder. Nein, es geht um mehr. Unsere Kultur, die westliche Zivilisation, wollen wir beibehalten, mag sie nun gut oder schlecht sein. Wir haben endlose Anstrengungen auf uns genommen, sie zu schaffen und zu verteidigen. Wir haben Ströme von Blut dabei vergossen. Wir haben jede Art von Mühsal für diese Zivilisation auf uns genommen. Und deshalb ist es für uns zu spät, einen anderen Weg in die Zukunft zu wählen.«

»Bravo!« rief ein knorriger Bure in der dritten Reihe.

»Daraus folgt, daß wir das Inderproblem nicht etwa haben, weil wir auf ihre Handelserfolge neidisch wären oder wegen törichter Rassenvorurteile, nein, meine Freunde, unser Ziel ist ein höheres: Es geht uns um nichts Geringeres als um die Bewahrung unserer Zivilisation. Und es geht um das höchste Gut überhaupt, die freie Selbstbestimmung darüber, welchen Weg wir gehen wollen. Um sie zu bewahren, werden wir unsere Pflicht tun!«

Der Redner wischte sich den Schweiß von der Stirne. Seine Stimme wurde sanft.

»Ich bin keiner von denen, die dauernd auf die Fehler der Inder hinweisen. Nein, nicht ihre Fehler sind es, durch welche die Inder so anders sind als wir. Es sind gerade ihre Vorzüge, die uns Sorgen machen, so ihre Geduld, ihre Ausdauer, ihre Einfachheit und Sparsamkeit und nicht zuletzt ihr weltfremder Glaube.

Wir dagegen, wir Europäer, sind ungeduldig, sind immer damit beschäftigt, unsere materiellen Wünsche zu vervielfachen und zu befriedigen. Wir ziehen Annehmlichkeiten und Wohlstand allem anderen vor. Und wir sind darauf bedacht, körperliche Arbeit nach Möglichkeit zu vermeiden. Das sind alles Fehler von uns, meine Freunde. Fehler, die wir einsehen und zugestehen sollten. Denn sie gehören zu unserer Zivilisation, zu unserer Art zu leben.«

Seine Stimme war wieder lauter geworden und klang jetzt leicht ironisch.

»Ist es unter diesen Bedingungen nicht verständlich, daß wir es nicht wollen, daß Tausende von Indern, fleißige, tüchtige und bedürfnislose Inder, unser Land überschwemmen? Daß wir mit all unseren Fehlern an die Wand gedrückt werden, bis wir nicht mehr zu atmen wagen?

Ich sehe, meine Freunde, für euch ist es verständlich. Ihr seid genauso wenig wie ich darauf vorbereitet, Selbstmord zu begehen. Und ich kann euch als Repräsentant der Regierung sagen, wir würden dies auch gar nicht zulassen! Die Regierung der Kronkolonie Transvaal bereitet ein Gesetz vor, das den Untergang unserer Zivilisation verhindern wird. Mit Billigung der königlichen Hoheit werden künftig Inder nur noch unter strengen Auflagen ins Land gelassen. Und wir werden ein Meldegesetz erlassen, das den Indern den Entschluß erleichtern soll, wieder in ihre Heimat zurückzukehren.

Jeder Inder über acht Jahren wird sich künftig mit Fingerabdruck und Personenkennzeichen registrieren lassen müssen. Er wird einen Meldeschein erhalten, den er, bei Androhung der sofortigen Ausweisung, immer bei sich tragen muß. Wer sich nicht registrieren läßt, kommt ins Gefängnis oder wird ebenfalls ausgewiesen.

Meine Freunde, ich denke, dieser Schritt der Regierung ist angemessen gegenüber den Problemen, die unser Land bedrohen. Meine Freunde, ich danke euch!«

Der Redner zupfte seine Krawatte gerade, dann stieg er vom Podium herunter. Der Beifall der anwesenden Buren fiel nun deutlich dünner aus als am Anfang.

»Viel ist es nicht!« murrte ein alter Kaufmann und wandte sich an seinen Nachbarn. »Anscheinend sind sich die Engländer doch zu fein, endlich mal reinen Tisch zu machen!«

»Botha war deutlicher«, nickte der andere, »er hat versprochen, daß er die Kulis innerhalb von vier Jahren aus dem Land treiben wird!«

»Aber Botha ist Bure. Und damit hat er nichts zu sagen, solange die verdammten Engländer in unserm Land sind.«

»Die bleiben nicht mehr lang. Fünf Jahre sind sie nun schon hier. Und sie haben mittlerweile begriffen, daß wir Buren ihnen mehr Ärger als Gewinn bringen. Die Engländer sind Kaufleute. Paß auf, bald packen sie ihre Sachen und verschwinden.«

»Du meinst, Botha wird dann Regierungschef?«

»Vielleicht, wenn er die Wahl gewinnt. Meine Stimme hat er jedenfalls sicher.«

»Meine auch. Botha wird dieses asiatische Krebsgeschwür schon ausrotten!«

Befriedigt nickend standen die beiden Männer auf und gingen durch die Stuhlreihen zum Ausgang.

Dreitausend Inder hatten sich eingefunden, das Empire Theatre in Johannesburg war überfüllt. Am Rednerpult stand Gandhi. Mit inzwischen geübter und kraftvoller Stimme machte er seine Haltung zu den geplanten Gesetzen deutlich: »Ich habe alle antiasiatischen Gesetze in Südafrika studiert«, rief er in den Saal, »aber niemals ist mir etwas begegnet wie dieses Gesetz. Wir werden Widerstand leisten, und wir werden eher sterben, als uns diesem Gesetz zu unterwerfen!«

»Widerstand!« knurrte ein riesenhafter Pathane vor sich hin. »Was der wohl unter Widerstand versteht!«

»Zunächst«, klang wieder die Stimme des Rechtsanwaltes, »werde ich mit einigen Freunden nach London fahren. Ich werde mit Lord Elgin persönlich sprechen und ihn überzeugen, daß ein solches Gesetz unwürdig ist für ein Land wie England!«

Unruhe entstand in den hinteren Reihen der Versammlung. Es wurde getuschelt: Gandhi sei eben immer noch ein Engländerfreund, glaube immer noch, daß das englische Imperium zum Wohle der Welt geschaffen worden sei.

»Und wenn du keinen Erfolg hast, was dann?« kam eine schrille Zwischenfrage.

»Dann werden wir bereit sein müssen, für unsere Rechte zu kämpfen!« erwiderte Gandhi ernst. »Aber wir werden es nicht mit der Waffe tun. Denn erstens verbietet der Glaube den meisten von uns, einen Menschen zu töten, und zweitens werden wir so gegen die Engländer nie siegen. Nein, unser Kampf wird passiv sein. Wir werden uns weigern, uns registrieren zu lassen. Und wir werden die Konsequenzen auf uns nehmen. Unsere Geduld wird sie ins Unrecht setzen.«

Mohandas Gandhi hatte sich auf der Versammlung optimistischer ausgedrückt, als ihm zumute war. In Wirklichkeit glaubte er keineswegs daran, daß seine Reise nach England ein Erfolg werden könnte. Es war allgemein bekannt, daß Lord Elgins Sympathien nicht auf der Seite der Inder lagen. Im Gegenteil, seiner Initiative war es zu verdanken gewesen, daß die oft diskutierten Pläne eines Meldegesetzes nun wieder aus der Schublade hervorgeholt worden waren.

Doch erstaunlicherweise stieß die kleine Delegation in London auf allgemeines Wohlwollen. Manche Kabinettsminister schienen gar ebenso empört über die Pläne zum Meldegesetz wie die Inder selbst, und die Zeitungen, allen voran die angesehene ›Times‹, brachten ausführliche Berichte über die Lage der indischen Minderheit, zum Teil sogar Interviews mit Gandhi als deren Sprecher.

Zwar hatte Lord Elgin unmißverständlich ausgedrückt, daß er das Gesetz befürworten würde, doch der Premierminister ließ in einem vertraulichen Gespräch durchblikken, daß er dem König abraten werde, das Gesetz zu unterzeichnen. Die Inder begannen schon an einen Erfolg ihrer Mission zu glauben.

Doch ihre Freude kam zu früh. Noch während ihrer Rückfahrt erfuhren die Mitglieder der Delegation, daß Transvaal mit Billigung der Briten eine neue Regierung erhalten sollte: Ab 1. Januar 1907 würde das Land wieder unter der Verwaltung der Buren stehen. Premierminister würde General Botha werden, Innenminister der General Jan Christian Smuts. Beide waren bekannt dafür, daß sie mit allen Mitteln eine Lösung des Problems anstrebten, wie man die Inder am besten wieder nach Hause schicken konnte.

Deshalb also das Entgegenkommen der Briten. Sie hatten eine Verhandlungstaktik gewählt, mit der sie das Inkrafttreten des Gesetzes nur hinauszuzögern brauchten. Nun würden sich andere vor der Weltöffentlichkeit die Finger schmutzig machen.

Drei Monate nach der Regierungsübernahme, im März 1907, wurde das Meldegesetz unverändert vom Parlament in Transvaal verabschiedet. Überall flammten nun Protestkundgebungen auf, und es kam zu Streiks. Die Inder schienen entschlossen, sich der Registrierung zu widersetzen.

Am ersten Juli trat das Gesetz in Kraft. Innerhalb eines Monats sollten alle Inder registriert sein. Es gab aber nur wenige, die sich in die Registrierungsbüros verirrten, welche die Regierung überall im Lande eröffnet hatte. Meist saßen die Beamten gelangweilt in den menschenleeren Räumen.

Überall im Land tauchten Flugblätter und in der Nacht heimlich geklebte Plakate auf, in denen zum Widerstand gegen das Gesetz aufgerufen wurde. Und so sehr auch die Polizei versuchte, sie schnell wieder abzureißen, gegen den Einfallsreichtum der protestierenden Inder kamen sie nicht an.

Dann gab es die ersten Verhaftungen. Gandhi war nun voll damit beansprucht, die Inhaftierten zu verteidigen. Seine Familie, die mittlerweile auf der Phoenix-Farm lebte, bekam ihn nur noch selten zu Gesicht. Gandhi hatte wieder sein kleines Zimmer bei seiner Kanzlei bezogen. Oft schlief er sogar im Büro, wenn er vor Erschöpfung den Weg zu seinem Zimmer nicht mehr fand.

Im August wurde schließlich von der Regierung die Frist für die Registrierung verlängert. Als neuer Stichtag wurde der 30. November angekündigt. In der Zwischenzeit, so rechnete Innenminister Smuts, würde man diese Starrköpfe schon so weit einschüchtern, daß sie freiwillig in die Büros kommen würden. Doch Smuts hatte sich getäuscht. Von den dreizehntausend Indern in Transvaal hatten bis dahin erst fünfhundertelf einen Meldeschein abgeholt.

Nun reagierte Smuts mit Härte. Siebenunddreißig Inder waren die ersten Opfer, die er in einem Prozeß in der Stadt Volksrust verurteilen ließ. Und am 10. Januar des folgenden Jahres mußte auch Gandhi in der Rolle eines Angeklagten den Gerichtssaal betreten. Seine wiederholten Aufrufe, sich der Registrierung zu widersetzen, brachten ihm eine Gefängnisstrafe von zwei Monaten ein. Ende des Monats Januar war die Zahl der verurteilten Inder auf über einhundertfünfzig angewachsen.

Der Gefängnisaufenthalt hatte auf Gandhi allerdings

eine andere Wirkung, als Smuts erhofft hatte. Gandhi hatte dort Zeit und Ruhe, die letzten Monate noch einmal zu überdenken und eine Strategie für die kommenden zu entwickeln. Zu seinem Glück fiel ihm ein Essay des Amerikaners Henry D. Thoreau mit dem langen Titel ›Über die Pflicht zum zivilen Ungehorsam gegen den Staat‹ in die Hände. Ziviler Ungehorsam, das war das Kampfmittel, nach dem Gandhi immer gesucht hatte: der Kampf gegen die Ungerechtigkeit, indem man offen Gesetze übertrat, eine Strafe dafür nicht nur riskierte, sondern sie auch verbüßte. Ein solcher Widerstand war aktiv und trotzdem gewaltfrei, er entsprach außerdem der Ethik, die ihn die Bhagavadgita gelehrt hatte.

Gandhi suchte nach einem Begriff, der diese Widerstandsform möglichst umfassend beschrieb. Er initiierte ein Preisausschreiben. Unter den vielen Einsendungen wählte er schließlich das Wort »Satyagraha«. Aus den beiden indischen Wörtern *satya* = Wahrheit und *agraha* = Kraft zusammengesetzt, bedeutet es etwa: »Die Kraft, die aus der Suche nach Wahrheit, Liebe und Gewaltfreiheit geboren ist.«

»Satyagraha« wurde nun der Kampfbegriff, unter dem Gandhi nach seiner Entlassung aus dem Gefängnis den Widerstand fortsetzte. Doch viele Inder begriffen nicht die Taktik, die Gandhi nun verfolgte.

Zum Entsetzen nicht weniger schlug er nach seiner Entlassung General Smuts einen Kompromiß vor. Sollte die Regierung das Gesetz der zwangsweisen Registrierung zurücknehmen, so schrieb der Rechtsanwalt, dann wolle er, Gandhi, dafür eintreten, daß die Inder sich freiwillig registrieren ließen.

Bereits zwei Tage später stimmte Smuts dem Kompromiß zu. Als Zeichen des guten Willens wurden nun auch die anderen Gefangenen freigelassen.

Gandhi fuhr nach Johannesburg und berief sofort eine Versammlung aller Inder auf dem Gelände der Moschee ein. Über tausend Landsleute kamen, um zu hören, was der populäre Rechtsanwalt ihnen zu sagen habe.

»Meine Freunde«, wandte er sich an die Menge, »wir haben einen Kampf begonnen, bei dem die Fronten inzwischen verhärtet sind. Keiner, weder wir noch die Regierung, scheint zurückweichen zu können, ohne das Gesicht zu verlieren. Nun habe ich gelernt, wie wichtig es ist, daß bei einem Streit auch der Gegner sein Gesicht und damit seine Ehre bewahrt. Ich habe deshalb General Smuts ein Angebot gemacht. Um ihm zu beweisen, daß wir nicht gedenken, heimlich Inder ins Land zu schmuggeln, wie die Buren zu befürchten scheinen, habe ich ihm angeboten, daß wir uns freiwillig registrieren lassen, wenn er dafür das Gesetz zurückzieht.«

»Verräter!« gellte da eine Stimme über den Platz. Der Schrei kam aus einer Gruppe Pathanen, die inmitten der Menge einen eigenen, geschlossenen Block bildeten. Die Pathanen waren ein Volksstamm aus dem Nordwesten Indiens.

»Ja, ich sage zu dir Verräter!« rief der Sprecher noch einmal und trat vor. »Hast du uns nicht erst vor wenigen Wochen versichert, daß nur Kriminelle ihre Fingerabdrücke hergeben würden? Nun, ich bin nicht kriminell, meine Freunde hier sind es ebensowenig. Was ist geschehen im Gefängnis, Gandhi? Wie kommt es, daß aus dem England-Freund nun auch noch ein Buren-Freund geworden ist? Was haben sie dir dafür bezahlt?«

Gandhi war bestürzt. Er hatte mit solchen Angriffen gerechnet, doch nun, da er sich ihnen ausgesetzt sah, trafen sie ihn doch tief.

»Ihr könnt selbst entscheiden!« wandte er sich wieder an die Menge. »Ich habe euch meine Gründe erklärt, und nun, da ich den Entschluß gefaßt habe, mich freiwillig zu melden, wird niemand mich davon abhalten können. Auch dieser hitzige Freund nicht. Ich werde mich registrieren lassen, und wer will, der soll mir folgen!«

Lange diskutierten die Inder an diesem Abend noch die unerwartete Wendung, die Gandhi vollzogen hatte. Doch die meisten hatten ein so großes Vertrauen zu dem Mann gewonnen, daß sie sich entschlossen, seinem Beispiel zu folgen. Er würde schon wissen, was er tat, auch wenn man es nicht gleich verstand. Auch wenn Mir Alam, der Sprecher der Pathanen, immer noch behauptete, Gandhi sei von den Buren gekauft worden.

»Fünfzehntausend Pfund hat er dafür bekommen, ihr könnt fragen, wen ihr wollt. Fünfzehntausend Pfund für den Verrat an seinen Landsleuten!«

Mir Alam brüllte wie ein Stier.

»Allah sei mein Zeuge! Hiermit schwöre ich, daß ich jeden umbringen werde, der sich als erster registrieren läßt. Hört ihr? Jeden!«

Als sich Gandhi am nächsten Tag auf den Weg zum Registrierungsbüro machte, waren nur wenige seiner Freunde gekommen. Unverdrossen machte er sich auf den Weg, mitten auf der breiten Straße, die von seiner Kanzlei zum Büro der Regierung führte. Plötzlich wurde einer seiner Mitarbeiter ganz aufgeregt und zupfte ihn am Arm.

»Mr. Gandhi, sehen Sie! Dort hinten!«

Gandhi drehte sich um. Hinter ihnen, immer in gleicher Entfernung, gingen acht riesenhafte Pathanen, unter ihnen Mir Alam.

»Was wollen die?«

Gandhi zuckte mit den Schultern.

»Sie wollen verhindern, daß wir uns registrieren lassen. Aber wir lassen uns nicht hindern, nicht wahr?«

Er lächelte seinem Begleiter aufmunternd zu. Der schnitt ein unglückliches Gesicht, sagte aber nichts.

Plötzlich begannen die Pathanen zu laufen. Die Gruppe teilte sich und überholte links und rechts die Menschen, die sich um Gandhi geschart hatten. Und als Gandhi endlich vor dem Registrierungsbüro stand, hatten seine Gegner vor dem Eingang schon Stellung bezogen.

Gandhi blieb stehen und überlegte. Da löste sich aus der Gruppe der Pathanen Mir Alam, einen dicken Stock in den Händen. Ohne Hast ging er auf Gandhi zu, bis er dicht vor ihm stand.

»Verräter!« sagte er nur, dann begann er mit mächtigen Hieben auf den wehrlosen Rechtsanwalt einzuschlagen. Immer wieder krachte der schwere Stock auf Gandhis Körper. Auch die anderen Pathanen kamen nun herbeigestürzt, ebenfalls Stöcke in den Händen, und schlugen und traten auf ihren Gegner ein, der längst zu Boden gestürzt war und bewußtlos zu ihren Füßen lag.

Erst als die Europäer herbeiliefen, ließen die Pathanen von ihrem Opfer ab und rannten davon. Gandhi lag blutend im Staub der Straße, bewußtlos oder tot, so genau konnte man es hier draußen nicht feststellen.

Eilig wurde er in das nahegelegene Haus eines Arztes gebracht. Zum Glück stellte sich hier heraus, daß die Hilfe noch rechtzeitig gekommen war. Gandhi schlug wieder die Augen auf.

»Doktor«, murmelte er schwach, »bevor Sie mich untersuchen, muß ich mich registrieren lassen. Bitte, holen Sie den Beamten. Bitten Sie ihn hierher und sagen Sie ihm, daß ich ihm leider diese Mühe machen muß. Sie sehen ja, ich bin verhindert, zu ihm zu gehen.«

»Aber . . .«

»Kein Aber, Doktor. Bitte gehen Sie. Es geht hier um mehr als meine Gesundheit!«

Verstört schickte der Arzt seine Haushälterin zum Registrierungsbüro. Erst als sie mit dem Beamten zurück war und dieser Gandhi die Fingerabdrücke abgenommen hatte, ließ sich der Verletzte untersuchen und behandeln.

Gandhis Unbeugsamkeit hatte eine enorme Wirkung. Bis Ende Mai, dem offiziellen Stichtag für die freiwillige Registrierung, folgten über achttausend Inder seinem Beispiel. Doch General Smuts hielt sich nicht an die Vereinbarung, die er mit Gandhi abgeschlossen hatte. Achttausend von dreizehntausend Indern, das war ihm zu wenig. Er wollte die vollständige Erfassung der indischen Minderheit.

»Weder am 30. Januar«, so gab er höhnisch bekannt, »noch am 3. Februar habe ich Mr. Gandhi versprochen, das Registrierungsgesetz zurückzuziehen.«

Der Kompromiß war gescheitert. Und Gandhi war keinesfalls gewillt, diesen Vertrauensbruch widerstandslos hinzunehmen. Er rief die Inder zu einer neuerlichen Aktion gegen die Regierung auf.

»Laßt mich noch einmal zusammenfassen, liebe Freunde. Ich weiß, daß ich zu sehr auf die staatsmännische Weisheit, auf die Ehrlichkeit und Integrität von General Smuts vertraut habe. Nun, da er sein Wort gebrochen hat, wissen wir, was wir zu tun haben. Wir versprechen hiermit General Smuts feierlich: Wenn das Asiatengesetz nicht wie verabredet zurückgezogen wird, werden wir unsere Meldescheine wieder verbrennen. Wir wissen, daß dies für uns Konsequenzen haben wird. Aber welcher Art sie auch sein mögen, als Satyagraha-Kämpfer werden wir sie opferbereit zu tragen wissen!«

Bald sollte Herr Smuts erfahren, daß Gandhis Bereitschaft zu einem Kompromiß keineswegs von Schwäche diktiert gewesen war. Im Gegenteil.

13. Satyagraha

Satyagraha ist ohne den Glauben der Hindus nicht zu verstehen, der in einigen Punkten sehr vom Christentum abweicht. Das christliche Gebot der Nächstenliebe etwa verbietet nicht, das Fleisch getöteter Tiere zu essen. Für einen Hindu ist dies völlig anders. Er glaubt an die Seelenwanderung und sieht in den Körpern von Tieren die Seelen unglücklicher Geschöpfe gefangen. Deshalb würde er nie Fleisch essen, denn es könnte das Fleisch eines Wesens sein, das in seinem vorherigen Leben ein Mensch gewesen war.

Dies muß man wissen, will man die Bedeutung des indischen Wortes für Nächstenliebe (*Ahimsa*) begreifen. *Ahimsa* ist für einen Hindu die allumfassende Liebe zu jeglichem Geschöpf und zugleich die absolute Gewaltlosigkeit. Ein Brahmane, der das Ideal des Ahimsa anstrebt, wird sogar den Weg verlassen, wenn er Ameisen auf ihm entdeckt, aus Furcht, eines dieser Insekten zu verletzen oder gar zu zertreten.

Gandhis Mutter, diese einfache, aber tiefgläubige Hindufrau, hatte dem jungen Mohandas das Ideal des Ahimsa immer wieder vor Augen gehalten. Selbst in Zeiten, als er kaum etwas mit der Hindureligion zu tun hatte, ja haben wollte, war diese Lehre in ihm wirksam gewesen. Seine Auseinandersetzungen mit anderen Religionen, mit dem Christentum zum Beispiel, waren immer um die Frage gekreist, inwieweit diese Religionen die Prinzipien des Ahimsa vertraten und bei ihren Gläubigen das entsprechende Verhalten erreichen konnten.

Ein Mann, der einen großen Eindruck auf Gandhi machte, war zum Beispiel der russische Graf Tolstoi. Tolstoi war überzeugter Christ, und gerade deshalb litt er im zaristischen Rußland unter den Verhältnissen, welche für den einfachen Bauern die Leibeigenschaft bedeuteten. Tolstois Glück war, daß er sich als Schriftsteller einen Namen gemacht hatte. So fand seine Kritik an den Zuständen seines Landes, die er immer wieder in Wort und Schrift erhob, große Beachtung.

Noch größere Beachtung erreichte er dadurch, als er sich in hohem Alter von seinem Reichtum löste und wie ein russischer Bauer zu leben begann. Noch vor der großen russischen Revolution, die das Kaisersystem des Zaren stürzte und zumindest in den ersten Jahren so viel Hoffnung wecken konnte, wurde Tolstoi so zu einem Symbol für all diejenigen, die in Rußland ausgebeutet und unterdrückt wurden.

Gandhi hatte tief bewegt die Veröffentlichungen Tolstois gelesen und bald einen Briefwechsel mit dem Russen begonnen. Die Sprache, die Tolstoi in seinen Schriften und Briefen verwendete, verstand der Inder: Er verstand, was der Russe meinte, wenn er schrieb, daß die Zivilisation unter dem Teufelskreis von Gewalt leide, weil sie auf dem Recht des Stärkeren aufgebaut war. Und er stimmte zu, wenn Tolstoi »den Verzicht auf allen Widerstand durch Gewalt« forderte. Das waren Worte, wie er sie ähnlich auch von seiner Mutter gehört hatte. Und machte Tolstoi ihm nicht auch vor, daß man gemäß diesen Prinzipien leben konnte? So bestätigte der alte Tolstoi den jungen Gandhi in seinen Prinzipien und wurde, vermutlich ohne es zu wissen, zu einem seiner Lehrmeister.

Einen anderen Lehrmeister hatte Gandhi, wie er später selber zugab, in seiner Frau. War Kasturba nicht ein lebendes Beispiel für die Wirksamkeit des Ahimsa? Nie hatte sie sich gegen ihren Ehemann gewaltsam zur Wehr gesetzt. Immer war ihr Widerstand passiv gewesen. Sie hatte erduldet und ertragen und gerade dadurch in vielen

Streitigkeiten die Oberhand gewonnen. Nicht weil sie nachgab, nein. War sie der Meinung, daß sie selbst im Recht war, hielt sie unbeirrbar an dieser Meinung fest. Aus dieser Mischung von Unbeirrbarkeit einerseits und Duldsamkeit andererseits erwuchs ihre Stärke.

Ist also das Erdulden eine Form von Widerstand? Für Gandhi war dies kein Widerspruch. Auch den oft geäußerten Vorwurf, ein solches Verhalten sei Feigheit, wies er kühl zurück:

»Gewaltlosigkeit und Feigheit sind entgegengesetzte Begriffe. Gewaltlosigkeit ist die größte Tugend, Feigheit das größte Laster. Gewaltlosigkeit entspringt der Liebe, Feigheit dem Haß. Gewaltlosigkeit ist immer bereit, Leiden hinzunehmen, Feigheit würde es stets anderen zufügen.«

Gandhi wandte sich also gegen eine Gewaltfreiheit, die nur in der Position des Schwächeren geübt wurde. Die Gewaltfreiheit des Schwachen, so fürchtete er, würde bei einem Sieg in die Gewalt des Starken umschlagen. Deshalb unterschied er auch genau zwischen dem sogenannten passiven Widerstand und Satyagraha:

»Während beim passiven Widerstand Raum ist für den Waffengebrauch, wenn sich nämlich eine passende Gelegenheit dafür bietet, ist in der Satyagraha solche Gewaltanwendung selbst unter den günstigsten Umständen verboten ... Beim passiven Widerstand spielt immer der Gedanke mit, den Gegner zu plagen, die Aussicht, ihn einst mit Waffengewalt zu besiegen, wenn man stark genug ist ... Bei Satyagraha dagegen gibt es nicht die leiseste Absicht, dem Gegner persönlichen Schaden zuzufügen.«

Diese Gedanken klingen zunächst einmal sehr fremd. Denn ist es nicht natürlich, sich an einem Gegner zu rächen, der einen gedemütigt hat? Vielleicht doch nicht, wenn man bedenkt, daß das Bedürfnis nach Macht oder Rache immer etwas mit Schwäche zu tun hat. Ein Mensch, der innerlich stark ist, braucht keine Macht über andere Menschen auszuüben. Er hat die Angst nicht mehr, die er sonst mit dem Anwenden von Gewalt zu verdrängen versuchte.

Noch klarer werden diese Prinzipien, wenn man die Parallelen zur Bergpredigt mitbedenkt, in der Jesus ebenfalls zum Erdulden von Ungerechtigkeit aufruft. Die geistigen Wurzeln eines radikal verstandenen Christentums und eines ebenso radikal gedachten Hinduismus liegen, so scheint es, nahe beieinander.

Gandhi wußte diese Gedanken in Politik umzusetzen. Nachdem von General Smuts sein Angebot zur Versöhnung ausgeschlagen worden war, rief er seine erste große Satyagraha-Kampagne ins Leben. Zum erstenmal probierte er sein System aus, das er über so viele Jahre hin in seinem Inneren entwickelt hatte.

Die Satyagraha-Kämpfer unter Gandhi sandten ein letztes Ultimatum an General Smuts.

14. Verbrennung der Meldescheine

Das Ultimatum lief am 16. August 1908 um 16 Uhr aus. Schon früh hatten sich an diesem Tag die Menschen auf dem Gelände der Hamidia-Moschee in Johannesburg versammelt. Man wartete gespannt, welche Entscheidung die Regierung fällen würde.

In der Ecke des Platzes, nahe bei der Mauer, stand auf einem kleinen Podest ein riesiger, eiserner Kochkessel mit vier Beinen. In ihm sollte das Feuer brennen, in dem die Anwesenden ihre Meldescheine verbrennen wollten, wenn das Parlament das Gesetz verabschieden sollte.

Immer mehr Menschen strömten herbei, bald drängten sich auf dem Gelände der Moschee die Inder dicht an dicht. Gandhi und seine Helfer zwängten sich durch die Menge und sammelten die Meldescheine ein. Sorgsam wurden sie zu dem Kessel gebracht. Jeder der Anwesenden sollte die Möglichkeit erhalten, seinen Schein wieder zurückzubekommen.

General Smuts reagierte verächtlich: »Die Leute, die eine solche Drohung an die Regierung richten, haben keine Ahnung von ihrer Macht. Mir tut nur leid, daß einige Agitatoren versuchen, arme Inder aufzuhetzen, die ruiniert sein werden, wenn sie diesen Einflüsterungen nachgeben!«

Nun galt es zu warten. Eine ungeheure Spannung lag über dem Platz. Dann ein allgemeines und erwartungsvolles Aufstöhnen. Ein Bote kam eilig mit dem Fahrrad die Straße heruntergefahren und schwenkte einen Brief. Die Nachricht der Regierung.

Das Schreiben wurde über Hunderte von Händen zu Gandhi durchgereicht. Dann war es wieder totenstill. Alle warteten auf die Nachricht, die sich in dem Brief befand. Gandhi riß das Schreiben auf und überflog den Text.

»Das Gesetz wurde beschlossen!« rief er schließlich laut über den Platz. »Die Regierung will also unseren Widerstand!«

Ein lauter Jubel brach aus. Es schien fast so, als hätten die Inder den Inhalt des Schreibens nicht verstanden. Doch Gandhi merkte sehr schnell, welchen Grund dieser Jubel hatte. Nun, nach dieser Entscheidung der Regierung, würde man die verhaßten Meldescheine verbrennen können.

»Einen Moment noch, Freunde. Bitte beruhigt euch noch einen Moment!« Gandhi hob die Hand und wartete, bis es wieder still geworden war.

»Bevor ich das Feuer anzünde, will ich euch noch etwas sagen. Was wir hier tun, ist nicht verboten, das wißt ihr. Jeder, der seinen Schein heute verbrennen läßt, kann morgen von der Behörde eine Kopie bekommen. Nein, das Verbrennen der Meldescheine hat eine symbolische Bedeutung. Wir machen damit deutlich, daß wir alle uns diesem entwürdigenden Gesetz nicht unterwerfen werden. Wir werden gegen dieses Gesetz verstoßen, auch wenn das für uns lange Gefängnisstrafen bedeuten kann. Und ich bitte euch: Wer nicht in der Lage ist, diese Folgen zu tragen, aus welchem Grund auch immer, der soll vortreten, und er erhält seinen Ausweis zurück!«

Niemand rührte sich.

»Steck sie endlich an!« brüllte es aus der Menge.

Unter lautem Jubel wurde nun Benzin auf die Scheine gegossen, dann loderte das Feuer hoch auf. Zweitausend Meldescheine verbrannten unter den immer lauter werdenden Freudenrufen der Inder.

Plötzlich kam Bewegung in die Menge. Ein riesiger Kerl drängte sich rücksichtslos zu Gandhi durch. Es gab Unruhe, denn einige erkannten Mir Alam wieder, jenen Pathanen, der einige Monate zuvor Gandhi so schwer verletzt hatte. Aber heute war sein Gesicht zu einem breiten Lachen verzogen.

»Hab' Sie falsch eingeschätzt, Mr. Gandhi!« rief er dröhnend. »Hab' Sie falsch eingeschätzt! Tut mir leid, und verzeihen Sie. Aber nun, nun geht es erst richtig los, nicht wahr?«

Und Gandhi ergriff voll Freude die beiden riesigen Pranken, die der Pathane ihm zur Versöhnung entgegenstreckte.

Die Versammlung in Johannesburg war ein Signal. Weitere derartige Veranstaltungen fanden statt, und bald waren nahezu alle Registrierungspapiere der Inder in den Flammen verglüht, die bei diesen Gelegenheiten entzündet worden waren. Dieselben Inder, die noch wenige Monate zuvor freiwillig ihre Fingerabdrücke auf die amtlichen Papiere gepreßt hatten, drängten sich nun nach vorne, um diese Papiere wieder zu vernichten.

Doch dann begann der härtere Teil der Auseinandersetzung. Gandhi und seine Vertrauten, die sich nun »Satyagrahis« nannten, beschlossen, bewußt gegen die Gesetze zu verstoßen, welche sie als diskriminierend für die Inder empfanden. Da war zum Beispiel das Einwanderungsgesetz. Es war unmittelbar mit dem Registrierungsgesetz verbunden und legte fest, daß nur noch die Inder die Grenze nach Transvaal überschreiten durften, die ihre Registrierungspapiere mit sich führten.

Wollte man General Smuts reizen, so mußte man dafür sorgen, daß Inder die Grenze illegal überschritten. In kleinen Gruppen machten sich die Satyagrahis auf den Weg. Ohne Papiere reisten sie nach Natal, kehrten kurz hinter der Grenze um und gingen über die Grenze wieder nach Transvaal zurück. Dort ließen sie sich willig verhaften und nach kurzen Gerichtsverfahren, in denen Gandhi als ihr Anwalt immer wieder die Ungerechtigkeit der Grenze anprangerte, für drei Monate ins Gefängnis werfen.

Die Methode machte Schule. Immer mehr Inder stießen zu dem ursprünglich kleinen Häuflein. In immer größerem Maß wurde der illegale Grenzübertritt organisiert. Die Gefängnisse füllten sich, die Bewegung kam auf Touren.

Am 7. Oktober 1908 wurde auch Gandhi verhaftet, als er ohne Papiere die Grenze nach Natal überschreiten wollte. Die Strafe war, verglichen mit der manch einer seiner Kampfgefährten, gering: Gandhi wurde nur zu zwei Monaten Haft verurteilt, allerdings verbunden mit schwerer Zwangsarbeit.

Gandhis Verurteilung löste eine wahre Völkerwanderung aus. Scharenweise ließen die Inder sich nun verhaften. Dabei kam es zu erstaunlichen Szenen. Gandhi erinnerte sich später besonders an einen Mann namens Imman Saheb, einen reichen Händler, der es gewohnt war, sich mit äußerstem Luxus zu umgeben. Dieser Imman Saheb, der kaum jemals in seinem Leben körperliche Arbeit hatte leisten müssen, schloß sich der Satyagraha-Bewegung an, ließ sich wie all die anderen festnehmen und überstand klaglos eine dreimonatige Haft unter härtesten Bedingungen.

Wie konnte die Regierung auf eine solch entschlossene Haltung reagieren? Wie viele Inder würde sie noch in die bereits überfüllten Gefängnisse stecken können? Außerdem begann die Weltpresse auf die Vorgänge in Südafrika aufmerksam zu werden, beißende Kommentare erschienen. General Smuts verfiel auf einen Ausweg.

Neben der Gefängnisstrafe gab es noch eine andere Möglichkeit der Bestrafung: die Inder des Landes zu verweisen. Normalerweise bedeutete dies, daß man die Ausgewiesenen mit Gefängnistransporten an die Grenzen zu den Nachbarstaaten brachte. Viel Erfolg hatten solche Maßnahmen allerdings nicht, denn meist kamen die betroffenen Inder an anderen Stellen der Grenze wieder nach Transvaal zurück. Anders sah es dagegen aus, wenn man die Gefangenen auf ein Schiff brachte, das zurück nach Indien fuhr. Dann war man, so spekulierte die Regierung in Pretoria, diese Quälgeister los. Der Plan wurde in die Tat umgesetzt, die Deportationen begannen. Bald lag das erste Schiff zum Auslaufen bereit im Hafen von Durban. Die ausgewiesenen Inder hatte man auf dem

Deck untergebracht, ohne Schutz vor Wind und Sonne und nur mit einem Minimum an Verpflegung.

Damit hatte die Regierung einen Hebel gefunden, den Protest zu brechen. Die Deportation nach Indien bedeutete im günstigsten Fall den völligen Bankrott der Betroffenen. Denn ihr Besitz, soweit sie über Besitz verfügten, wurde von den Behörden beschlagnahmt. Noch schlimmer traf es jedoch die betroffenen Kontraktarbeiter. Sie hatten meist keine Verwandten oder Bekannten in Indien mehr, und nun wurden sie ohne einen Pfennig Geld zurückgeschickt. In den Gossen von Bombay oder Kalkutta mußten sie als Bettler weiterleben oder verhungern.

Die Satyagrahis erkannten, was diese Maßnahmen für ihre Landsleute bedeuten würden. Aber die Bewegung hatte zu wenig Geld, um wenigstens die größte Not der Deportierten lindern zu können. So blieb ihnen nichts übrig, als wenigtens einen aus dem engeren Kreis mit nach Indien zu schicken, damit dieser vielleicht dort bei Sympathisanten um Unterstützung werben konnte. Trotz dieser Geste blieb die Deportation ein Schreckgespenst, das mehr Inder vom offenen Widerstand abhielt, als es die harten Haftbedingungen vermocht hatten.

Zunehmend bröckelte die Widerstandsbewegung auseinander. Mutlosigkeit machte sich breit. Aber Gandhi ließ nicht locker. Er überprüfte die Gesetze von Transvaal, bis er zweifelsfrei nachweisen konnte, daß die Ausweisung nach Indien sogar nach dem Gesetz der Buren illegal war. Dann entfesselte er mit allen legalen Mitteln eine Kampagne gegen die Deportation. Und wieder war es die ausländische Presse, welche die Regierung zum Einlenken zwang. Die Menschentransporte nach Indien wurden eingestellt.

Trotzdem hatte Smuts zunächst gesiegt. Der Schock über die Deportationen war so tief gewesen, daß die meisten Inder von der Bewegung abgefallen waren und nur die härtesten Satyagraha-Kämpfer zurückgeblieben waren. Doch die Satyagrahis machten weiter. Sogar noch, als sich unter ihren Landsleuten die Stimmen mehrten, die sie für gefährliche Narren hielten. Immer wieder organisierten sie ihre illegalen Grenzübertritte, wurden verhaftet, ins Gefängnis geworfen, mußten unter unmenschlichen Bedingungen Zwangsarbeit verrichten, kamen frei und machten sich wieder auf den Weg zur Grenze. Auch der Tod eines ihrer Freunde, der an Lungenentzündung und Auszehrung im Gefängnis starb, konnte den Mut dieser Gruppe nicht brechen.

Doch dann gab es einen Zwischenfall, der selbst Gandhi aus der Bahn zu werfen drohte. Kurz nach der Entlassung aus einer erneuten Haft erreichte ihn in Johannesburg ein Telegramm von seinen Freunden aus der Phoenix-Siedlung. Kasturba, Gandhis Frau, war schwer erkrankt. Eilig hatte man sie nach Durban gebracht, wo sie sofort operiert worden war. Die Operation war gut verlaufen. Doch Kasturba war so schwach, daß man das Schlimmste befürchten mußte. Und es gab keinerlei Anzeichen, daß sie sich erholen würde.

Diese Nachricht muß Gandhi wie ein Schock getroffen haben. Er hatte ja immer so wenig Zeit für seine Frau und seine Familie. Doch nun wurde ihm mit einem Mal bewußt, wie wichtig Kasturba für ihn war. Es war nicht mehr die Art von Wichtigkeit, die sie früher für ihn gehabt hatte. Sie war ihm nicht mehr Sexualobjekt. Seine Experimente mit der Askese hatten auch dazu geführt, daß er geschworen hatte, künftig sexuell enthaltsam zu leben. Nein, Kasturba war im Laufe der Jahre seine wichtigste Kameradin geworden. Er konnte es nicht fassen, daß sie nun sterben sollte. Noch am selben Tag machte sich Gandhi auf nach Durban. Irgendwie würde er seine Frau retten. Irgendwie.

15. Kasturba erkrankt

»Sie ist sehr schwach, Mr. Gandhi.« Der Arzt sah ernst aus, als er diese Worte sagte. »Sie hat viel Blut verloren, und sie ist seither kaum zu Kräften gekommen. Ich weiß ja, daß Sie Vegetarier sind, aber unter diesen Umständen halte ich es doch für richtig, Ihrer Frau Fleischbrühe zu geben.«

»Das kommt nicht in Frage!« widersprach Gandhi erregt. »Meine Frau ist Vegetarierin wie ich. Das wissen Sie genau!«

»Ja, ich weiß!« sagte der Arzt ruhig. »Aber Fleischbrühe ist nun einmal ein sehr nahrhaftes Getränk. Es ist die einzige Möglichkeit, sie zu retten. Vegetarische Kost . . . nun, sie mag für einen kräftigen Menschen recht gesund sein. Für Ihre Frau sind zuwenig Nährstoffe darin.«

Gandhi saß da und starrte vor sich hin. Eine lange Pause trat ein. Schließlich hob er den Kopf und sah dem Arzt in die Augen.

»Sie wissen, daß ich niemals meine Zustimmung gebe, daß man meiner Frau Fleisch gibt. Auch nicht, wenn es um ihr Leben geht. Es sei denn, sie möchte es selbst. Haben Sie sie gefragt?«

»Herr Gandhi, ich bitte Sie! Ihre Frau ist schwach. Sehr schwach! Sie ist nicht in dem Zustand, in dem ich sie so etwas fragen könnte.«

»Dann werde ich sie fragen. Bringen Sie mich zu ihr!«

Gandhi erhob sich und ging zur Tür. Kopfschüttelnd ging der Arzt ihm nach.

Kasturba ging es tatsächlich sehr schlecht. Klein und blaß lag sie in dem großen Hospitalbett und rang sich nur mühsam ein Lächeln ab, als sie ihren Mann neben dem

Bett sah. Gandhi kniete neben ihr nieder und umfaßte ihre kalten Hände.

»Kasturba, ich muß dich etwas fragen. Etwas, was sehr wichtig ist, hörst du?«

Kasturba nickte schwach.

»Dein Arzt sagt, daß du sehr krank bist. Er sagt auch, daß du nur wieder gesund wirst, wenn du Fleischbrühe trinkst.«

Ein ängstlicher Ausdruck trat in die Augen der kranken Frau, dann schüttelte sie entschieden den Kopf.

»Nein«, flüsterte sie, »keine Fleischbrühe! Ich will mich nicht verunreinigen.«

»Aber der Arzt sagt, daß du dann stirbst!«

»Dann werde ich sterben. Es ist eine solche Gnade, als Menschenwesen geboren zu sein, da will ich eine solche Sünde nicht auf mich laden.«

»Dann bring ich dich von hier weg«, sagte Gandhi entschlossen.

Der Arzt, der sich während des Gesprächs abgewandt hatte, fuhr herum. »Sie sind verrückt!« rief er. »Sie sind völlig verrückt! Ihre Frau wird den Transport nicht überleben. Sie ist nicht transportfähig.«

»Ich werde sie von hier wegbringen und für sie sorgen«, erwiderte Gandhi ruhig. »Ich werde sie pflegen, und sie wird wieder gesund werden. Und jetzt bestellen Sie mir bitte eine Kutsche.«

Der Arzt seufzte. »Es geschieht auf Ihre Verantwortung. Ihre Frau wird unter Ihrem Eigensinn zu leiden haben. Aber wenn Sie meinen – ich jedenfalls habe mein Bestes getan.« Damit ging er hinaus.

Tatsächlich verließ Kasturba zusammen mit ihrem Mann das Hospital. Durch strömenden Regen brachte er sie zum Bahnhof. Vor dort aus mußten sie den Zug nehmen, der an der kleinen Bahnstation nahe der Phoenix-Farm hielt. Und schließlich mußte Kasturba in einer Hängematte von bestellten Helfern die zweieinhalb Meilen bis zur Farm geschleppt werden.

Wie der Arzt vorausgesagt hatte, verschlechterte sich ihr Zustand während des Transports erheblich. Kaum waren sie auf der Phoenix-Farm, da erlitt sie weitere schwere Blutungen. Gandhi wachte Tag und Nacht an ihrem Bett. Er pflegte sie, machte Wasserkuren mit ihr und verordnete eine Diät, die er sich selbst ausgedacht hatte: Früchte, Milch, Gemüse. Strikt achtete er darauf, daß Kasturba weder Gewürze noch Salz zu sich nahm. Und als sie gegen das fade Essen protestierte, legte er auch noch für sich selbst das Gelübde ab, ein Jahr lang auf jegliche Gewürze zu verzichten. Also fügte sich Kasturba.

Und das Unwahrscheinliche geschah. Keiner, am wenigsten die Ärzte, hätten es vermutet. Kasturba wurde zunehmend kräftiger. Ob es die Diät war oder einfach die Zuwendung, die ihr Mann ihr zu spüren gab – es dauerte nicht lange, da war sie außer Lebensgefahr und genas zusehends. Gandhi blieb, bis er sicher war, daß seine Frau wieder gesund werden würde. Dann machte er sich auf, um nach Johannesburg zurückzukehren.

Wieder wurde er verhaftet und vor Gericht gestellt. Diesesmal versuchten die Behörden offensichtlich, einen neuen Skandal zu vermeiden. Gandhi wurde freigestellt, entweder eine Strafe von achtundvierzig Pfund zu bezahlen oder wieder ins Gefängnis zu gehen. Doch entgegen den Erwartungen der Richter zögerte Gandhi keine Minute und schlug die Geldstrafe aus. Wieder schlossen sich die Gefängnistore hinter ihm.

16. Der Weg aus der Krise

Der Kampf schien aussichtslos. Das Grüppchen der Satyagraha-Kämpfer war immer kleiner geworden, denn die meisten waren entweder deportiert worden oder saßen in den Gefängnissen. Das schlimmste jedoch war, daß immer mehr Inder Gandhi die Unterstützung entzogen. Unter diesen Bedingungen konnte er kaum erwarten, als Sieger aus dem Konflikt mit der Regierung hervorzugehen.

Aber General Smuts mußte ebenfalls erkennen, daß seine Rechnung nicht aufgegangen war. Zwar hatten drakonische Strafen die erwünschte Wirkung auf die Inder gehabt, aber die Satyagrahas erwiesen sich als unbeugsam, als steter Stachel im Fleisch. Nach wie vor gingen sie klaglos ins Gefängnis, verbüßten ihre Strafe, nur um danach in der Freiheit sofort wieder gegen die Meldegesetze zu verstoßen. Und zu einer nicht zu unterschätzenden Gefahr wurde Gandhi durch seine guten Beziehungen zur englischen Presse, die immer wieder ausführlich über den Widerstand der kleinen Gruppe berichtete.

Die Situation schien verfahren. Da bot sich für Gandhi unerwartet die Möglichkeit, wieder die Initiative zu ergreifen. Schon lange hatte es Gerüchte gegeben, daß sich die südafrikanischen Kolonien zu einem Bundesstaat zusammenschließen könnten. Immer wieder hatte man von einem großen, einheitlichen Südafrika geträumt, Mitglied im Commonwealth und doch selbständig. Nun, im Juli 1909, sollten diese Pläne auf einer großen Konferenz in London besprochen werden. Hier war eine Gelegenheit, die Rechte der Inder bei Vertretern der britischen Regierung nachdrücklich zu vertreten.

Gemeinsam mit dem Kaufmann Hajee Habib bestieg Gandhi am 21. Juni ein Schiff, das ihn nach England bringen sollte. Hajee Habib, der schon seit langem einen gewinnbringenden Handel im südlichen Afrika führte und es zu Macht und Einfluß gebracht hatte, fuhr als gewählter Vertreter der Kaufleute nach Südafrika mit zu der Konferenz.

Doch schon auf der Überfahrt stellte sich heraus, welche unterschiedlichen Vorstellungen die beiden Männer von dem Ergebnis dieser Reise hatten. Während Hajee Habib den Luxus auf dem Ozeandampfer mit vollen Zügen genoß, spürte Gandhi eine zunehmende Unzufriedenheit.

Die holzgetäfelte Kabine erster Klasse, die er bewohnte, das reichliche Essen, die feingekleideten Passagiere, die sich in sinnlosen und oberflächlichen Gesprächen ergingen, das alles widerte ihn an. Wieviel näher fühlte er sich da seinen Freunden, die noch immer in den Gefängnissen saßen. So war es nur natürlich, daß er sich meist in seine Kabine zurückzog und während der Überfahrt lange Briefe schrieb.

»Wo Pomp und Glanz ist, Bequemlichkeit und Vergnügen, dort ist kein Platz für einen demütigen Diener Gottes.« Diese Zeilen aus einem Brief drücken das ganze Unbehagen aus, das Gandhi empfand. Sie machen aber auch deutlich, wie sehr er sich gewandelt hatte. Er bewunderte nicht mehr die englische Kultur, hielt es nicht mehr für nötig, ihre Lebensart zu kopieren, und daß er bei seiner Ankunft in England wie ein Gentleman gekleidet vom Schiff ging, entsprach keineswegs seinen Bedürfnissen, sondern der Notwendigkeit, sich für die Dauer der Konferenz der Kleiderordnung anzupassen.

Die Reise wurde zu einer Enttäuschung. Zwar gelang es den beiden Indern, mit den wichtigsten Vertretern der Regierungen von England und Transvaal ins Gespräch zu kommen, aber Gandhi merkte recht schnell, daß keine entscheidenden Zugeständnisse zu erwarten waren. Über den Unterhändler Lord Ampthill ließ Ministerpräsident Botha mitteilen, daß er zwar in einigen Fragen zu Verhandlungen bereit wäre, keinesfalls aber in bezug auf die Einwanderungs- und Meldegesetze.

»Wenn Sie mehr fordern, beschwören Sie nur Schwierigkeiten für sich und ihre Gemeinschaft herauf«, schloß Lord Ampthill seine Mitteilung. »Denken Sie darüber nach und lassen Sie mich Ihre Entscheidung dann wissen!«

Gandhi und Hajee Habib schauten sich an.

Der indische Kaufmann rang mit sich selbst. Wie sollte er antworten? Obwohl er selbst kein Englisch sprach, hatte er die Mitteilung Bothas doch verstanden.

»Sagen Sie ihm«, wandte er sich nach einer qualvollen Pause an Gandhi, »daß ich das Angebot von General Botha annehme.« Sprachlos starrte Gandhi ihn an. Hajee Habib wand sich vor Verlegenheit. »Ich will nicht, daß die Gemeinschaft noch mehr leidet!« Und trotzig fügte er hinzu: »Die Seite, die ich vertrete, stellt die Mehrheit der Gemeinschaft und den Hauptanteil des Reichtums.« Dann wischte er sich den Schweiß von der Stirne.

Ohne Zögern übersetzte Gandhi die Worte seines Begleiters. Lord Ampthill nickte beifällig. Doch als Gandhi weitersprach, merkte er auf:

»Mein Kollege hat recht, wenn er sagt, daß er den zahlenmäßig und finanziell stärkeren Teil vertritt. Ich dagegen spreche nun für die Minderheit. Ich spreche für die Inder, die arm sind, für die Arbeiter auf den Plantagen oder in den Bergwerken.«

Gandhis Stimme war unverändert ruhig geblieben.

»Wir sind in der Minderheit, das ist richtig. Aber wir sind entschlossen, bis zum Tod zu kämpfen. Wir sind schwach, gewiß, und wir wissen, welche Macht General

Botha hat. Aber wir haben einen heiligen Schwur abgelegt, bei unserem Kampf auch das Schlimmste zu erdulden. Und Gott, in dessen Namen wir diesen Entschluß gefaßt haben, wird uns helfen, so daß wir siegen werden. Bitte sagen Sie das General Botha!«

Die Fronten waren nun klar. Gandhi, früher umworbener Anwalt der südafrikanischen Geschäftsleute, war zum Störenfried geworden. Unvermittelt vertrat er nun die Interessen der kleinen Leute, jener, die nicht fürchteten, durch eine Ausweitung des Streits Besitz und Einfluß zu verlieren. Die indische Gemeinschaft hatte unvermutet einen Riß bekommen.

Als Gandhi nach Transvaal zurückkehrte, fand er die Gemeinschaft der Satyagrahis in völlig demoralisiertem Zustand vor. Erst vor wenigen Tagen waren wieder mehrere hundert Inder nach Indien deportiert worden. Das war ein klarer Bruch der Gesetze, doch General Smuts fühlte sich stark genug, darauf keine Rücksicht nehmen zu müssen.

Und nicht nur deswegen begann sich Mutlosigkeit breitzumachen. In der Gemeinschaft wurde das Geld knapp. Denn wann immer ein Mann sich zu Gefängnis verurteilen ließ, blieb eine Familie zurück, die während dieser Zeit von den anderen Satyagrahis untergebracht und beköstigt werden mußte. Und dies ging nur noch unter zunehmenden Schwierigkeiten.

Eine Hilfe wäre die Phoenix-Farm gewesen. Sie bot genug Platz und Nahrung für die Betroffenen. Aber die Phoenix-Farm lag in Natal, dreihundert Meilen von Johannesburg entfernt. Eine vergleichbare Farm in Transvaal zu gründen war jedoch unmöglich. Die Gesetze verboten Indern den Besitz von Land. Eine hoffnungslose Situation war entstanden. Gandhi erkannte, daß seine

Satyagraha-Bewegung daran zerbrechen würde, wenn ihm kein Ausweg einfiel. Es dauerte sechs Monate, bis unvermutet Rettung kam.

Der Mann, der die Krise überwinden half, gehörte nicht zur indischen Gemeinde. Dr. Hermann Kallenbach war ein großer, massiger Mann, mit breitem Gesicht und schweren, abgearbeiteten Händen, denen man kaum ansah, wie leicht und genau sie den Zeichenstift führen konnten. Er galt als Universalgenie im Bauhandwerk. In Deutschland aufgewachsen, hatte der Architekt sich durch sein außerordentliches Können sehr schnell ein Vermögen verdient.

Kallenbach bewunderte Gandhi schon seit Jahren, und im Lauf der Zeit hatten sich die beiden Männer angefreundet. Sie diskutierten oft und gern über die Frage der richtigen Lebensführung, über Glaubensfragen und über den gewaltfreien Widerstand der Inder. Und Kallenbach hatte bald begonnen, Gandhis Arbeit zu unterstützen, wo immer es ihm möglich war. Als er von den Sorgen der Satyagrahis gehört hatte, war in ihm ein Entschluß gereift. Unauffällig hatte er sich auf die Suche nach geeignetem Land gemacht. Ihm, dem Europäer, konnten die Behörden den Ankauf nicht verwehren.

Am 30. Mai 1910 konnte er schließlich seinem Freund Gandhi stolz den Grund und Boden zeigen, den er wenige Tage zuvor erworben hatte. 21 Meilen von Johannesburg entfernt, erstreckte sich das Gelände über eine Fläche von 5000 Morgen. Ein eigener Brunnen war vorhanden, und die vom Vorbesitzer gepflanzten Orangen-, Aprikosen- und Pflaumenbäume waren gerade im besten Alter.

»Was halten Sie davon?« fragte Kallenbach mit leichtem Lächeln seinen indischen Freund, als sie zusammen auf das kleine Farmgebäude zugingen.

»Ein schöner Platz!« meinte Gandhi bewundernd.

»Schön? Ideal! Die Bahnstation ist nur eine Meile entfernt. Und wenn kein Zug kommt, können Sie zur Not auch bis zu Ihrem Büro laufen!«

»Ich?«

»Sie suchen doch eine Farm, oder?«

»Aber . . .«

»Kein Aber! Ihnen wird nichts geschenkt, das verspreche ich Ihnen. Die Farm gehört mir. Ich verpachte sie weiter. Und zwar an Sie und Ihre Freunde.«

»Und an welche Pacht hatten Sie gedacht?«

»Ich will kein Geld. Machen Sie die Farm zu einer Zufluchtsstätte für Ihre Satyagrahis. Und zu einem Zentrum des gewaltfreien Widerstands. Vielleicht ziehe ich dann auch hierher. Natürlich nur, wenn Sie mich wollen!«

»Aber natürlich, lieber Freund!« Gandhi konnte es immer noch nicht fassen, was für ein unverhofftes Geschenk er eben erhalten hatte.

»Ich werde sie Tolstoi-Farm nennen!« murmelte er nachdenklich. »Ja, ich glaube, das ist ein angemessener Name. Was meinen Sie? Ebenso wie der adlige Russe Tolstoi alles aufgegeben hat, um wie ein einfacher Bauer zu leben, werden wir alles aufgeben und uns von dieser Farm ernähren.«

»Sie wollen Ihre Anwaltspraxis schließen?« fragte Kallenbach erstaunt.

»Nicht sofort natürlich! Aber ich denke schon, daß ich diesen Teil meines alten Lebens auch abstoßen sollte. Warum sollte ich weiterhin in Johannesburg Geld verdienen, wenn ich auch hier leben kann? Nein, lieber Freund, lassen Sie uns auf diesem schönen Land das Experiment einer vollkommenen Gemeinschaft machen. Einer Gemeinschaft, die alles selbst herstellt, was sie braucht, und auf das verzichtet, was sie selbst nicht herstellen kann. Lassen Sie uns versuchen, als Christen, Mohammedaner und Hindus friedlich zusammenzuleben und nicht teilzuhaben an dieser verdorbenen Welt voller falscher Werte und voller Haß.«

»Aber damit ändern Sie die Welt nicht, selbst wenn es funktionieren sollte«, wandte Kallenbach ein.

»O doch!« widersprach ihm Gandhi ernst. »Sogar nur *so* können wir die Welt ändern. Indem wir bei uns selbst anfangen. Indem wir uns selbst erziehen. Nur so können wir ein Beispiel sein. Und nur so werden wir auch innerlich stark genug, den Kampf weiterzuführen.«

»Welchen Kampf?«

»Den der Inder in Südafrika zum Beispiel. Glauben Sie mir. Auch wenn wir im Moment schwach erscheinen, so haben doch Botha und Smuts immer noch nicht gesiegt. Und sie werden auch nicht siegen.«

»Sie sind ein seltsamer Mann, Gandhi!« Der Architekt spielte mit seinem schwarzen Schnurrbart. »Und Sie sind ein verdammter Dickkopf. Sie geben niemals auf, was?«

Gandhi lachte.

»Da haben Sie nicht ganz unrecht. Das ist sicherlich eine Schwäche von mir. Aber nun lassen Sie uns zurückfahren und unseren Freunden die gute Nachricht überbringen!«

17. Die Tolstoi-Farm

Mit Feuereifer machte man sich an den Aufbau der Farm. Europäische Handwerker brachten den Indern bei, wie sie mit Mörtel, Stein und Kelle umzugehen hatten, und bald standen die von Kallenbach entworfenen Häuser.

Die ersten Familien konnten einziehen. Wie Gandhi angekündigt hatte, gab er nun seine Tätigkeit als Rechtsanwalt auf, holte seine Familie von der Phoenix-Farm nach und zog mit ihr in eins der neuerrichteten Häuser.

Unter seiner Leitung wurde das Farmleben organisiert. Jeder Bewohner mußte mit Hand anlegen. Entweder in der Landwirtschaft oder bei der Herstellung handwerklicher Produkte wie Kleidung oder Sandalen. Die Verpflegung wurde dreimal täglich durch eine Gemeinschaftsküche sichergestellt, in der die einfachen, vegetarischen Speisen zubereitet wurden. Am Abend, wenn die harte Arbeit beendet war, fand man sich zu religiösen Übungen zusammen, bei denen streng darauf geachtet wurde, daß sämtliche auf der Farm vertretenen Religionen berücksichtigt wurden. Toleranz gegenüber Andersgläubigen war das höchste Gebot.

Nach und nach bildeten sich in der Gemeinschaft noch weitere feste Regeln heraus. So wurde zum Beispiel vereinbart, daß für eine Reise nach Johannesburg nur dann der Zug genommen werden durfte, wenn es eine Reise im Interesse der Farm war. Wollte man für sein persönliches Vergnügen in die Stadt, so mußte man zu Fuß gehen und seine Verpflegung für diesen Tag selbst organisieren.

Alle hielten sich an diese Regel, nachdem ihnen Gandhi vorgerechnet hatte, daß ansonsten der größte Teil der Einkünfte nur durch Eisenbahnkarten aufgezehrt würde.

Auch für den Umgang mit Wasser galt eine strenge Vereinbarung. Da die Quelle fünfhundert Meter entfernt lag und das Wasser in Kübeln herbeigeschleppt werden mußte, drängte Gandhi auf äußerste Sparsamkeit. Schmutzwasser mußte wieder in Eimern aufgefangen werden und wurde zum Gießen der Obstbäume verwendet. Es dauerte lange, bis sich alle Bewohner daran gewöhnt hatten.

Gandhi hat später selbst die Lebensbedingungen auf der Tolstoi-Farm als äußerst hart bezeichnet, härter als in einem Gefängnis. Aber der Traum aller, hier eine Oase der Selbstversorgung zu schaffen, von der aus man den Kampf gegen die Botha-Regierung wieder aufnehmen konnte, ließ sie diese Härten überstehen.

Wer krank wurde, um den kümmerte sich Gandhi selbst. Seit der ans Wunderbare grenzenden Erholung seiner Frau war in ihm die feste Überzeugung gewachsen, ein begabter Naturheilarzt zu sein. Wurde ein Farm-Mitglied krank, so verschrieb er ihm selbst ausgedachte Diäten und Wasserkuren, von deren Wirksamkeit er fest überzeugt war. Liest man einige dieser Rezepte in seinen Erinnerungen nach, so sind allerdings Zweifel angebracht. Einem an Typhus erkrankten, zwei Jahre alten Kind verschrieb er beispielsweise nach einem zweitägigen Fasten einen Brei, der aus Bananen, Olivenöl und einigen Tropfen Orangensaft bestand. Mit Erfolg, wie er betonte. Ob das Kind allerdings wirklich Typhus gehabt hatte, das mochte auch er nicht beschwören. »Vielleicht war ja auch die Diagnose des Doktors falsch«, schloß er seinen Bericht über diesen Fall lakonisch.

Immerhin, die Starrköpfigkeit, die Hermann Kallenbach schon an ihm bemerkt hatte, machte sich bei solch kleinen Begebenheiten besonders bemerkbar. War er erst von etwas überzeugt, dann mußte er es ausprobieren. Und nur herbe Enttäuschungen konnten ihn veranlassen, von einer Überzeugung wieder abzurücken.

Seine ganze Liebe galt jedoch den Kindern auf der Farm. Für sie wollte er Lehrer sein, nicht nur für Schulwissen, sondern vor allem bei der seelischen Erziehung. Gandhi machte dabei keinen Unterschied zwischen Jungen und Mädchen. Er ließ beide Geschlechter zusammen aufwachsen, ein für die damalige Zeit unerhörter und neuer Gedanke. Und er lehnte körperliche Strafen ab und versuchte lieber, durch sein Vorbild Einfluß auf die Kinder zu gewinnen. Und die Kinder mochten ihn. Sein fröhliches Lachen und sein Humor zogen sie an, sie fühlten sich von ihm geliebt und ernstgenommen.

Doch mit seinem eigenen Sohn Harilal kam Gandhi nicht zurecht. Harilal, der Älteste, war in Bombay zur Schule gegangen und hatte dort einen Abschluß gemacht. Nun träumte er von einem Universitätsstudium, wie sein Vater es gemacht hatte. Voller Hoffnung fuhr er nach Südafrika, um von seinen Eltern die Erlaubnis dafür zu erhalten. Doch Gandhis Reaktion war unwirsch.

»Wozu willst du studieren? Ich halte nichts davon. Es sind fremde, schlechte Gedanken, die du durch das Studium bekommen wirst. Sieh mich an, ich weiß es. Nein, nein, ein Studium ist unnötig. Wir brauchen dich hier auf der Farm. Hier wirst du mehr vom Leben lernen, als du auf der Universität jemals lernen wirst. Und nun kein Wort mehr.«

Harilal biß sich auf die Lippen, aber er sagte keinen Ton. Doch Kasturba, die sich so gefreut hatte, endlich wieder ihren ältesten Sohn in die Arme schließen zu können, sah hinter sein ausdrucksloses Gesicht, das keine Regung zeigte. Sie spürte seinen Zorn und seine Enttäuschung. Begütigend legte sie ihm ihre Hand auf den Arm. Aber was sollte sie auch sagen?

Sie hatte selbst schon längst mit Sorge beobachtet, daß ihr Mann nun auch seine Söhne auf sein Streben nach geistiger Vollkommenheit hin orientierte. Von ihnen verlangte er eine besondere Hingabe für die Ideale der Farm. Er ließ sie früher aufstehen als die anderen Kinder und härter arbeiten. Hatten sie nicht ebenso wie er selbst Vorbild für die anderen zu sein? Härte und Disziplin, das war es, was er von ihnen verlangte. In besonderem Maße. Und von seinem ältesten Sohn würde er es ebenso fordern.

Doch Harilal widersetzte sich. Zwar nahm er zunächst am Gemeinschaftsleben teil, doch das Verhältnis zu seinem Vater verschlechterte sich von Tag zu Tag. Als Gandhi darauf bestand, daß sein Sohn bei ihm zu bleiben habe, wenig später jedoch einen anderen aus der Siedlung zum Studium nach England schickte, schlug die Ablehnung in offenen Haß um. Nach einer lautstarken Auseinandersetzung packte Harilal trotz der Tränen seiner Mutter seine Sachen und reiste zurück nach Indien.

Dort stürzte er sich Hals über Kopf in eine Ehe. Seine Frau gebar kurz hintereinander zwei Kinder. An eine Ausbildung war nun nicht mehr zu denken, er mußte Frau und Kinder ernähren. Immerhin fand er in der Familie auch einen Halt. Doch als seine Frau nach wenigen Jahren starb, verlor er den Boden unter den Füßen. Seinen Trost suchte er nun im Alkohol.

Kasturba versuchte immer wieder, zwischen ihrem Sohn und ihrem Mann zu vermitteln, aber Gandhi verrannte sich nun in die Vorstellung, er habe eben einen schlechten Sohn gezeugt. »Ich glaube an frühere Geburten und Wiedergeburten«, sollte er später einmal in einem Interview sagen, »für mich bedeutet die Geburt eines schlechten Sohnes das Resultat meiner bösen Taten in diesem oder in einem früheren Leben.« Und er fuhr fort: »Mein ältester Sohn war das Opfer meiner Experimente. Er kann mir das nicht verzeihen, weil er es für einen Fehler von mir hält. Unter diesen Umständen glaube ich, selbst der Grund dafür zu sein, meinen Sohn verloren zu haben. Und ich habe gelernt, es geduldig zu tragen!«

Von der Tolstoi-Farm aus wurde der Widerstand gegen die Meldegesetze weitergeführt. Inzwischen waren die Forderungen der Satyagrahas jedoch erweitert worden. Sie forderten die Abschaffung einer Sondersteuer, welche die Regierung allen Kontraktarbeitern auferlegt hatte, die ihre Verträge vorzeitig lösten. Da die Steuer sofort wieder aufgehoben wurde, wenn ein betroffener Arbeiter einen neuen Kontrakt einging, war ihr Sinn eindeutig. Sie diente dazu, die indischen Arbeiter an ihre Arbeitgeber zu binden.

Doch natürlich kümmerte sich die Regierung nicht um diese Forderungen. Die Tolstoi-Farm mit ihren unnachgiebigen Bewohnern war für sie zwar ein Ärgernis, aber zu einer politischen Bedrohung konnte sie nicht werden, solange nur einige wenige ihren zivilen Widerstand fortsetzten. Erstaunlich war nur die Ausdauer dieser Leute. Über vier Jahre war es nun her, daß Gandhi die Satyagraha-Bewegung ins Leben gerufen hatte. Und noch immer machten sich Menschen auf den Weg, um bewußt gegen die Meldegesetze zu verstoßen, verhaftet und verurteilt zu werden. Kamen sie nach drei Monaten aus dem Gefängnis und hatten sie danach einige Zeit auf der Tolstoi-Farm gelebt, machten sie sich wieder zur Grenze auf, um kurz danach aufs neue hinter Gefängnismauern zu verschwinden.

Am 22. Oktober 1912 erhielten die Satyagrahas jedoch überraschend Unterstützung. Der indische Oppositionsführer Gokhale traf in Kapstadt ein. Gemeinsam mit Gandhi fuhr er durch Südafrika, um sich selbst ein Bild von der Lage seiner Landsleute zu machen. Dann nahm er Kontakt mit den Behörden auf. Nach langen Verhandlungen schien Gokhale tatsächlich das fast Unmögliche zu erreichen. General Smuts versprach, auf Gokhales Vorschläge einzugehen. Beruhigt fuhr Gokhale nach Indien zurück. Doch der Mann, dem er vertraute, bereitete in Wirklichkeit schon den nächsten Schlag gegen die indische Gemeinde vor.

18. Erfolge im Kampf gegen das Ehe-Gesetz

Am 14. März 1913 fällte der Oberste Gerichtshof, der »Cape Supreme Court«, in einem Musterprozeß ein Urteil, das die Inder aufhorchen ließ. Verhandelt wurde an diesem Tag der Fall eines Mohammedaners, der auf einer Reise in sein indisches Heimatland eine Frau kennengelernt und geheiratet hatte. Als er mit ihr zusammen in Durban hatte an Land gehen wollen, war die Frau von den Behörden festgehalten worden. Wo denn ihre Heiratsurkunde wäre, hatten sie gefragt. Und trotz aller Beteuerungen des Ehemannes, daß bei der mohammedanischen Trauungszeremonie keine Heiratsurkunden ausgestellt würden, war seiner Frau die Einreise verweigert worden.

Der Inder klagte – und verlor den Prozeß. Ehen von Hindus, Parsen oder Moslems, so befand das Gericht, seien als ungültig anzusehen, da sie nicht nach christlichem Brauch vollzogen würden und die Eheleute keine Heiratsurkunde vorweisen könnten.

Als sich das Urteil herumsprach, reagierten die Inder mit Entsetzen. Bedeutete dies doch, daß ihre Ehefrauen nun die Stellung einer illegalen Geliebten hatten. Sie besaßen plötzlich keine Rechte mehr und konnten jederzeit als unerwünschte Personen deportiert werden.

Auf den Märkten, in den Bergwerken, auf den Plantagen, überall brodelte es, überall sprachen die Inder davon, daß man ein solches Schandurteil niemals hinnehmen würde. Aber was konnte man tun? Zu sehr wirkten noch die Einschüchterungen der vergangenen Wochen und Monate nach.

Auch auf der Tolstoi-Farm wurden die Vorgänge leidenschaftlich diskutiert. Die Gruppe hatte sich nach dem

Abendessen zusammengefunden und besprach bei selbstgebranntem Weizenkaffee, was zu tun sei.

»Natürlich habe ich sofort an die Regierung geschrieben«, sagte Gandhi bedächtig, »und sie aufgefordert, unsere Ehen gesetzlich für gültig zu erklären. Sie haben abgelehnt. Im Gegenteil, es gibt das Gerücht, daß die Einwanderungsgesetze noch weiter verschärft werden sollen.«

»Sollen wir Berufung gegen das Urteil einlegen?« fragte Kallenbach.

»Das ist sinnlos. Es kostet nur Zeit, denn der Ausgang der Berufung ist schon heute voraussagbar. Das Urteil paßt einfach zu gut zu den Absichten von Smuts und Botha!«

»Also Satyagraha! Eine neue Kampagne. Aber wie? Schauen Sie doch einmal, was für ein kleines Häuflein wir geworden sind. Ob wir in das Gefängnis gehen oder nicht, das ändert kaum was.«

Gandhi rieb sich nachdenklich mit dem Zeigefinger die Nase.

»Vielleicht doch!« meinte er schließlich langsam. »Was wir brauchen, ist ein Fanal. Unsere Landsleute haben zwar Angst, aber ich glaube, noch größer als ihre Angst ist im Moment die Erbitterung. Sie als Christ können kaum verstehen, welche Schande dieses Urteil über uns und unsere Familien gebracht hat. Und nicht nur wir Männer sind betroffen. Nein, unsere Frauen haben ihre Ehre verloren.«

»Eben!« mischte sich eine der Frauen ein. »Und da wir durch dieses Urteil unsere Ehre verloren haben, ist es unsere Pflicht, nun ebenfalls in den Widerstand zu treten!«

Gandhi schaute überrascht auf. »Aber . . .«

»Nein, wir Frauen haben das schon genau besprochen. Wie ihr Männer werden wir uns verhaften lassen und in das Gefängnis gehen. Auch wir können leiden, und vielleicht rüttelt unser Leid die Männer auf.«

Gandhi runzelte die Stirn, sagte aber nichts. Lange Zeit blieb es still im Raum. Die Blicke der Anwesenden richteten sich auf ihn. Alle warteten gespannt, was er zu dem Plan der Frauen sagen würde. Vielleicht war dies wirklich das Fanal, nach dem sie gesucht hatten.

»Vielleicht habt ihr recht«, sagte Gandhi schließlich nachdenklich. »Ja, ich glaube, so könnte es gehen. Wenn ihr wirklich bereit seid, mit uns den Kampf zu führen, dann können wir gewinnen. Und zwar mit folgendem Plan . . .«

Am 15. September machten sich zwei Gruppen von Satyagraha-Kämpfern auf den Weg, illegal die Grenze zu überschreiten. Die erste Gruppe startete von der Phoenix-Farm in Natal. Zwölf Männer und vier Frauen waren es, unter ihnen Kasturba.

Es hatte erregte Auseinandersetzungen zwischen ihr und Gandhi darum gegeben, schließlich war sie noch immer nicht wieder völlig gesund und fühlte sich oftmals noch recht schwach. Gandhi hatte deshalb vor ihr verheimlicht, daß sich diesmal auch Frauen an der Aktion beteiligen würden. Doch irgendwann hatte Kasturba es dann doch erfahren. Sehr bestimmt hatte sie darauf bestanden, sich der Gruppe anzuschließen.

»Was ist für ein Makel an mir, daß ich nicht würdig bin, auch ins Gefängnis zu gehen?« hatte sie provokant gefragt, und Gandhi hatte schießlich zugestimmt.

Erwartungsgemäß wurde die Gruppe sofort nach der Grenze verhaftet und zu den üblichen Strafen verurteilt.

Gleichzeitig war jedoch von der Tolstoi-Farm die zweite Gruppe aufgebrochen. Sie bestand nur aus Frauen und hatte den Auftrag, wenn möglich bis zu den Kohlengruben von Natal zu kommen, um dort die Arbeiter zum Streik aufzurufen. Dann würde die Polizei reagieren müssen.

Gandhis Plan ging auf. Tatsächlich wurden die Frauen der Tolstoi-Farm beim Grenzübergang nicht festgehalten. Ungehindert erreichten sie die Kohlengruben von Newcastle. Die Arbeiter waren von dem Mut der Frauen so beeindruckt, daß sie sofort in den Streik traten. Nun mußte die Regierung reagieren. Die Frauen wurden verhaftet und zu Zwangsarbeit verurteilt, doch dies führte keineswegs zur Beendigung des Streiks. Im Gegenteil.

Mehr als alle Aktionen zuvor rüttelten die Verhaftung der Frauen und die Berichte über die entwürdigenden Zustände, unter denen sie im Gefängnis leiden mußten, die Arbeiter auf. Immer mehr Zechen schlossen sich dem Streik an, und bald waren es über fünftausend Inder, die durch Streik den Kampf der Satyagrahis unterstützten.

Nun reagierten die Bergwerksbesitzer. Es gab Massenkündigungen. Den Arbeitern, die in dürftigen werkseigenen Quartieren hausten, wurde Licht und Wasser abgedreht. Unter diesen Umständen schien es nur noch eine Frage der Zeit, wann die Arbeiter demoralisiert wieder an ihre Arbeitsplätze zurückkehren würden.

Gandhi reiste sofort nach Newcastle. Dort angekommen, stellte er fest, daß die Situation tatsächlich prekär war. Angekündigtes Geld aus Indien war nicht eingetroffen. Und die indischen Händler und Kaufleute verweigerten ihren Landsleuten die Unterstützung; sie hatten Angst, es sich mit den mächtigen Grubenbesitzern zu verderben.

Es gab nur noch einen Ausweg, wollte man den Abbruch der Aktion verhindern: die Tolstoi-Farm. Sie war groß genug, um auch eine größere Menge Menschen aufzunehmen und zumindest für eine begrenzte Zeit zu versorgen. Doch die Tolstoi-Farm lag weit entfernt und noch dazu im Nachbarstaat. Während des langen Marsches dorthin würden die Arbeiter Schlafplätze für die Nächte brauchen sowie mit Essen und Trinken versorgt werden müssen. Außerdem wurde die Organisation des Unternehmens noch dadurch erschwert, daß ganze Familien mitsamt den Kindern den Marsch zur Tolstoi-Farm antreten sollten.

In den folgenden Tagen wuchs Gandhi über sich selbst hinaus. Immer mehr Arbeiterfamilien entschlossen sich zum Marsch über die Grenze. Gandhi plante die Route des Zuges, kümmerte sich um die Versorgung, sprach verzagten Männern und Frauen Mut zu, beruhigte weinende Kinder und fand auch noch Zeit zu einem Gespräch mit den Grubenbesitzern, die er kurzerhand aufforderte, sich mit den Arbeitern zu solidarisieren, wenn sie ein Interesse am Ende des Streiks hätten.

Bevor dann der Marsch begann, schärfte er seinen Landsleuten noch einmal ein, was für Entbehrungen nun auf sie zukommen würden.

»Ich bin keinem böse, wenn er jetzt sagt, daß er lieber zur Arbeit zurückkehren möchte. Wer will, kann gehen. Denn wir können nicht sicher sein, ob wir die Farm tatsächlich erreichen. Vielleicht werden wir auch alle verhaftet und müssen in das Gefängnis. Wer das nicht will, der soll lieber wieder ins Bergwerk zurückgehen!«

Keiner nahm das Angebot an, und der Zug setzte sich in Bewegung.

Das Unternehmen profitierte von den Erfahrungen, die Gandhi als Sanitäter bei der britischen Armee gemacht hatte. Es war nach beinahe militärischen Gesichtspunkten geplant. Jeder im Zug hatte eine Tagesration von eineinhalb Pfund Brot und dreißig Gramm Zucker erhalten. Es war nur die Mitnahme der allernötigsten Kleidung gestattet, jegliche Art von Diebstahl oder Plünderung war strengstens untersagt. Gandhi selbst führte die Schar an, hatte aber vorsorglich für den Fall seiner Festnahme einige Stellvertreter benannt, die diese gewaltige Menge Menschen zusammenhalten sollten.

Der Marsch verlief reibungslos und mit höchster Disziplin. Drei Tage nach dem Abmarsch erreichte der Zug die Grenzstadt Charlestown, wo bereits Kallenbach mit einigen indischen Mitarbeitern die Ankunft vorbereitet hatte. Für Frauen und Kinder waren Notunterkünfte besorgt, der Platz vor der Moschee diente als Lagerstätte und zum Zubereiten der Mahlzeiten. In Charlestown fanden sich auch einige Händler und Handwerker, die mit den Streikenden sympathisierten und sie mit frischem Proviant versorgten.

Gandhi versuchte nun das letzte Mal, eine gütliche Einigung mit General Smuts zu erzielen. Abends, nachdem die schwersten Organisationsfragen gelöst waren, setzte er sich an die Mauer der Moschee und schrieb im Schein einer Laterne einen Brief an die Regierung. In zwei Tagen würde er mit seinen Landsleuten die Grenze überschreiten. Sollte die Regierung, so bot Gandhi an, ihre Gesetzesvorhaben bis dahin zurückziehen, dann würden seine Leute noch am selben Tag zu ihren Arbeitsplätzen zurückkehren.

Doch in Pretoria wartete man einfach ab. Es erfolgte keine Reaktion. Da gab Gandhi das Zeichen zum Aufbruch. Diszipliniert überschritten Tausende die Grenze. Die wenigen Truppen, die man dort stationiert hatte, waren machtlos angesichts dieser Menschenmassen, zumal sie keinen Befehl hatten, auf die Eindringlinge zu schießen. So wälzte sich der Zug weiter ins Landesinnere, in Richtung Johannesburg, wo die Tolstoi-Farm lag.

Auch Reporter europäischer Zeitungen hatten sich nun

den Indern angeschlossen. »Die Pilger«, so kabelte der Mitarbeiter der ›Sunday Post‹ nach London, »bilden eine überaus pittoreske Schar. Sie sind mager, ja abgezehrt, aber die Art, wie sie mit Hungerrationen weitermarschieren, weist auf ihre Härte hin.«

Tatsächlich, das Essen mußte scharf eingeteilt werden. Die Verpflegung ging zur Neige. Wer etwas Eßbares bekam, teilte es mit den anderen. Erschöpfung begann sich breitzumachen, aber der gemeinsame Wille, das Ziel zu erreichen, riß die Müden und Hungrigen immer wieder hoch.

Sogar zwei Frauen, deren Kinder die Strapazen nicht überlebt hatten, blieben standhaft. »Wir dürfen uns nicht über die Toten grämen«, erklärte eine der Mütter. »Für die Lebenden müssen wir arbeiten!«

Gandhi selbst nannte diese Menschen später ehrfurchtsvoll »Helden des passiven Widerstands« und schrieb: »Wenn ich an die Geduld und Ausdauer dieser Leute denke, werde ich überwältigt von einem Gefühl der Größe Gottes.«

Die Regierung wartete anscheinend immer noch ab. Kaum ein Polizist ließ sich sehen. Trotzdem war Gandhi unruhig. Jeden Tag konnten die Verhaftungen beginnen. Unter diesen Umständen war es besonders wichtig, daß die Organisation in fester Hand blieb und sich der Zug nicht in zügelloses Chaos auflöste.

Als er dann eines Nachts durch die Reihen der Schlafenden eine Laterne aus der Dunkelheit auf sich zuschwanken sah, hatte er bereits vorgesorgt. Ruhig überprüfte er den Haftbefehl, den der Polizist ihm überreichte, dann stand er auf und machte sich fertig für den Weg ins Gefängnis. Er wußte, sein Vertrauter Naidoo würde den Zug noch vor Morgengrauen weiterführen. Auch wenn er, Gandhi, im Gefängnis saß.

Doch seltsamerweise kam den Richtern Gandhis Verhaftung sehr ungelegen. Man hatte das Material für den Prozeß noch nicht vollständig zusammengetragen, und so wurde er zu seinem eigenen Erstaunen gegen eine Kaution von fünfzig Pfund freigelassen, die sein Freund Kallenbach sofort für ihn entrichtete. Im frühen Dämmerlicht, noch bevor sich seine Verhaftung herumgesprochen hatte, stieß Gandhi wieder zu der Marschkolonne.

Je näher man Johannesburg kam, desto mehr schienen die Kräfte der Inder zurückzukehren. Als sich die Gewißheit verbreitete, daß man nur noch vier Tagesmärsche von der Tolstoi-Farm entfernt war, verfielen die Menschen in eine heitere, fast ausgelassene Stimmung.

Doch die Regierung hatte nun beschlossen, den Marsch der Inder zu beenden. Gandhi wurde erneut verhaftet, und seine Landsleute wurden in der kleinen Stadt Balfour von einem starken Polizeiaufgebot empfangen und zum Bahnhof dirigiert. Drei lange Eisenbahnzüge standen dort bereit, die die Streikenden nach Natal zurückbringen sollten. Wie Vieh wurden sie in die Waggons gepreßt, und eine Staffel berittener Polizisten sorgte dafür, daß niemand den Zug wieder verließ, bis er sich in Bewegung gesetzt hatte.

Auch in Natal wartete bereits Polizei. Man holte die Inder aus den Waggons, und vor Schnellgerichten bekamen sie nun die ganze Härte des Staates zu spüren. Doch die Regierung von Natal hatte sich damit nur selbst in eine schwierige Lage hineinmanövriert. Denn mangels Arbeitern lagen die Zechen immer noch still, gleichzeitig mußten Tausende von Gefangenen in den überfüllten Gefängnissen verpflegt werden.

Gandhi selbst traf die härteste Strafe. Neun Monate Zwangsarbeit waren für ihn vorgesehen. Dieses Urteil erbitterte die Inder nur noch mehr. Der Streik breitete sich jetzt wie ein Flächenbrand aus. Zwanzigtausend Arbeiter waren es schließlich, die sich im Ausstand befanden. Es kam zu tumultartigen Szenen. Berittene Polizei tauchte auf, schoß wahllos in die Menge, es gab Tote und Verletzte.

Aber gleichzeitig glühten die Telegrafen- und Telefondrähte nach Europa, nach Amerika und nach Indien. Immer häufiger berichteten dort die Zeitungen über die Vorfälle, immer bissiger wurden die Kommentare, die den südafrikanischen Behörden eine dilettantische Politik vorwarfen. Der so mobilisierten öffentlichen Meinung konnten sich auch die Regierungen der genannten Länder nicht verschließen. Lord Hardinge, Vizekönig der britischen Kronkolonie Indien, machte den Anfang. Er könne nicht länger in Indien für Ruhe und Ordnung sorgen, wenn sich die Situation am Kap weiter zuspitze. Die britische Regierung solle doch nun endlich den nötigen Druck auf ihre Verbündeten ausüben.

Nun mußte London handeln. In einer Eildepesche drohte man Pretoria ernsthafte Sanktionen an, wenn es nicht gelang, mit den Indern zu einer Einigung zu kommen.

Smuts und Botha müssen gekocht haben vor Wut, als sie das Schreiben erhielten. Hatte London ihre Politik in den letzten Jahren nicht immer stillschweigend geduldet, ja sogar begrüßt? Und nun fielen die feinen Herren in Europa den Buren erneut in den Rücken. Und dies alles nur wegen dieses kleinen Inders, dieses Möchtegern-Heiligen, dieses Gandhi.

Doch es blieb ihnen nichts anderes übrig, sie mußten die Flucht nach vorn antreten.

Am 11. Dezember 1913 ernannten sie eine Untersuchungskommission. Sie hatte den offiziellen Auftrag, die Gründe des Streiks zu untersuchen. Sieben Tage später wurde Gandhi aus dem Gefängnis entlassen. Kaum war er wieder in Freiheit, da kündigte er die Fortsetzung des Kampfes für den Fall an, daß die Regierung die antiindischen Gesetze nicht unverzüglich zurücknahm. Bereits zum Jahresbeginn 1914, so kündigte er an, wolle er einen neuen Satyagraha-Marsch organisieren.

Tatsächlich, die Situation schien so günstig wie nie zuvor. Zum Jahreswechsel traten die Eisenbahner in einen landesweiten Streik, der die Regierung in Pretoria in erhebliche Schwierigkeiten brachte. Kam nun noch ein Streik der Inder hinzu, so mußte die Regierung dem Druck nachgeben.

Aber wieder handelte Gandhi völlig überraschend. Kurzerhand sagte er den Streik ab. Er wollte die Schwäche der Regierung nicht ausnutzen, das widersprach seinen Prinzipien. Trieb er General Smuts in eine so aussichtslose Lage, daß er nur unter dem unmittelbaren Druck nachgab, dann waren später um so härtere Gesetze zu erwarten. Die Inder waren und blieben eine Minderheit. Für sie gab es keine andere Möglichkeit, als ihren Gegner zu überzeugen.

Als Gandhi seinen Entschluß Smuts übermitteln ließ, reagierte dessen Sekretär fassungslos:

»Ich liebe eure Leute nicht, und ich habe durchaus keine Lust, ihnen etwas zuliebe zu tun. Aber was soll ich machen? Ihr helft uns in der Not. Ich wünschte oft, ihr möchtet zur Gewalt greifen wie die englischen Streiker, dann wüßten wir sofort, wie wir euch loswerden würden. Aber ihr wollt ja nicht mal eurem Feind etwas Böses tun. Und eben das verdammt uns zu völliger Hilflosigkeit.«

Am 21. Januar unterzeichneten Gandhi und Smuts einen Vertrag, in dem sich die Regierung verpflichtete, alle Satyagrahis aus dem Gefängnis zu entlassen, die Untersuchungskommission auf Wunsch Gandhis zu erweitern und nach ihrer Empfehlung eine endgültige Lösung der indischen Frage anzustreben. Gandhi verpflichtete sich im Gegenzug, seine Satyagraha-Aktion einzustellen. Der Vertrag stieß auf viel Kritik, vor allem in den Reihen der Inder. Man traute Smuts nicht mehr. Zu oft hatte dieser sein Wort gebrochen und sich die Gutgläubigkeit der Inder zunutze gemacht. Für viele Gefangene bedeutete die Vereinbarung jedoch Rettung in letzter Minute. Unter den katastrophalen Verhältnissen in den Gefängnissen waren sie zu Skeletten abgemagert, manche waren dem Tode nah.

Trotzdem fühlten sie sich nicht als Opfer. Sie waren selbstbewußt geworden. Die sechzehnjährige Valimma, die nach zwei Monaten Gefängnis schwerkrank entlassen worden war und kurz darauf starb, drückte bei Gandhis Besuch wohl am besten aus, was sie alle fühlten: »Bereuen? Ich bin sogar jetzt bereit, wieder ins Gefängnis zu gehen, wenn ich verhaftet werde!«

»Aber das könnte dein Tod sein.«

»Das kümmert mich nicht. Wer würde nicht gern für seine Freiheit sterben?«

Diese Worte mögen sehr pathetisch klingen. Doch führt man sich vor Augen, daß die südafrikanischen Inder nur wenige Jahre zuvor die schlimmsten Demütigungen durch die Weißen hilflos hingenommen hatten, dann spürt man auch, was für eine Kraft nun hinter solchen Worten lag.

Es war Gandhis persönlicher Erfolg, daß er diese Kraft geweckt hatte. Und der 26. Juli brachte seinen größten Triumph. Die Kommission empfahl die Aufhebung der Meldegesetze und der Sondersteuer, das Parlament beschloß darauf mit großer Mehrheit ein Gesetz, das diesen Empfehlungen folgte. Die Inder hatten gesiegt.

Diese Nachricht erreichte Gandhi auf einem Dampfer,

mit dem er wieder unterwegs nach London war, um sich dort mit seinem Freund Gokhale zu treffen. Zusammen mit seiner Frau hatte er beschlossen, nun endgültig wieder nach Indien überzusiedeln.

Der Abschied war ein vierzehntägiges Fest gewesen. Die Presse feierte ihn, Bürgermeister und Regierungsbeamte gaben ihm zu Ehren Banketts und Empfänge, und Gandhi mußte immer wieder auf Abschiedsversammlungen auftreten, wo sich Tausende von Menschen drängten. Welch ein Unterschied war dies zu seiner Ankunft!

Als Gandhi mit seiner Frau und Hermann Kallenbach das Schiff nach London bestieg, gab es nur wenige, die erleichtert aufatmeten. Einer von ihnen war General Smuts: »Der Heilige hat unsere Küste verlassen, ich hoffe sehr, für immer!«

Smuts Hoffnungen sollten in Erfüllung gehen. Denn die große Aufgabe, die Gandhi sich selbst gestellt hatte, die Befreiung Indiens von der britischen Herrschaft, würde ihm nicht mehr erlauben, nach Südafrika zurückzukehren. Sein größter Kampf lag noch vor ihm.

In Südafrika hatte Gandhi durch den Satyagraha-Kampf erreicht, daß die schlimmsten Diskriminierungen gegenüber den Indern aufgehoben wurden. Für die Schwarzen hatte er sich weniger eingesetzt, und nicht nur deshalb, weil das drückende System der Apartheid zu seiner Zeit noch gar nicht existierte. Es wurde erst 1949 eingeführt, nachdem sich die südafrikanische Republik von dem durch den Weltkrieg geschwächten England gelöst hatte. Als Südafrika 1961 endgültig die Unabhängigkeit erlangte, wurde die Apartheid zur Grundlage des neuen Staates. Die Unterstützung, die Gandhi in Südafrika durch die englische Öffentlichkeit und Presse erhalten hatte, fiel für die Schwarzen weg. Doch auch Gandhi selbst mußte in Indien unter schärferen Bedingungen weiterarbeiten: In Südafrika hatten die Engländer ihn meist gewähren lassen, in Indien aber, wo sie selbst Besatzungsmacht waren, lagen die Verhältnisse ganz anders.

19. Das Massaker von Amritsar

Am 13. April 1919 begannen sich in der indischen Stadt Amritsar schon früh die Menschen zusammenzurotten. Überall öffneten sich Türen, strömten Männer, Frauen und Kinder aus den Häusern und begaben sich zum Jallianwallah Bagh. Hier war einer der öffentlichen Versammlungsplätze der Stadt, ein großer Hof, von hohen Mauern umschlossen, in den man nur durch wenige Türen gelangen konnte. Wie der Wind war gestern die Nachricht von Haus zu Haus gegangen, daß man sich heute hier einfinden wollte, um gegen die schändlichen Rowlatt-Gesetze zu protestieren. Trotz strengsten Versammlungsverbotes.

Die Rowlatt-Gesetze, genannt nach ihrem Urheber, dem britischen Richter Sir Sidney Rowlatt, bedeuteten Kriegsrecht für Indien: Richter konnten nun in politischen Prozessen ohne die Kontrolle von Geschworenen urteilen, Verdächtige durften ohne Prozeß eingesperrt werden.

Und verdächtig konnte jeder sein. Denn langsam begann sich im Land der Widerstand gegen die britischen Herren zu regen. Immer mehr Inder redeten versteckt oder offen von der Selbstregierung, und London wurde langsam nervös. Hinzu kam, daß sich dieser Fakir, dieser Gandhi, nun in Indien aufhielt und, aus der Sicht der Briten, laufend Unruhe schürte.

Im ersten Jahr nach seiner Übersiedlung nach Indien

hatte man erleichtert zur Kenntnis genommen, daß er Ruhe hielt. Gandhi hatte sich jeglichen politischen Kommentars enthalten. Auf Anraten Gokhales war er zunächst einmal durch Indien gereist, um sein Land und die Lebensverhältnisse seiner Landsleute kennenzulernen. Doch kaum war das Jahr um gewesen, da hatte er vor dem Indischen Nationalkongreß eine flammende Rede gehalten. Eine sehr flammende Rede, die Londoner Politiker hatten sich bestimmt die Bäuche gehalten vor Lachen. Die Rede war so flammend gewesen, daß seine eigenen Leute, die Inder, empört die Versammlung verlassen hatten. Hatte dieser Mann nicht gewußt, daß sich der Indische Nationalkongreß aus den obersten Zehntausend zusammensetzte? Und daß man bei einer solchen Versammlung nicht ungestraft die Verschwendungssucht dieser Klasse geißeln und an die Not der Armen erinnern durfte?

Nein, innerhalb des INC schien Gandhi keine Gefahr. Da war er eher Außenseiter. Aber im Volk gewann er mehr und mehr Einfluß. Man nannte ihn »Mahatma«, »Große Seele«, weil er einigen Bauern zu ihrem Recht verholfen und die Textilarbeiter bei ihrem Streik unterstützt hatte.

Und wo Gandhi aufgetaucht war, hatte er von der Unabhängigkeit gesprochen, die es zu erreichen galt. Er und seine Helfershelfer, sie waren nicht ungefährlich. Deshalb auch das Gesetz von Sir Rowlatt und seiner Partei. Man mußte die Inder wieder etwas fester an die Zügel nehmen.

Jeder Inder war verdächtig, ein politischer Verbrecher zu sein. Deshalb waren auch Zusammenrottungen verboten. Zumal nach dem großen Streik, zu dem Gandhi vor einer Woche aufgerufen hatte. Ein Streik für nur einen Tag, der jedoch das gesamte Wirtschaftsleben Indiens gelähmt hatte.

Immer mehr Menschen strömten durch die engen Gassen auf den Versammlungsplatz zu. Nahezu zweitausend

Menschen mochten es gewesen sein, die sich innerhalb der hohen Mauern befanden, als der entsetzte Schrei ertönte:

»Soldaten!«

Die Menschen drängten zurück. Etwa hundert Inder, in englischen Uniformen und unter dem Kommando eines blonden Briten, hatten Aufstellung bezogen. Die Ausgänge waren versperrt.

»Legt an!« bellte das Kommando des Offiziers über den Platz.

Einhundert Gewehrläufe wurden nach oben gerissen und richteten sich auf die Menge. Schreiend flüchteten Kinder in den vermeintlichen Schutz ihrer Eltern.

»Feuer!«

Das Unfaßbare geschah! Unaufhörlich peitschten die Schüsse. Nicht etwa über die Köpfe der Menge hinweg, nein, die Soldaten hatten ausdrücklich den Befehl, scharf zu schießen. Die ersten Menschen brachen schreiend zusammen. Andere versuchten, sich über die Mauer hinweg aus der Todesfalle zu befreien. Erbarmungslos wurden sie in den Rücken geschossen und stürzten in die Menge zurück. Immer kleiner wurde das Häuflein der Menschen, das verzweifelt über den Platz rannte, um einen Ausweg zu finden.

Zehn entsetzliche Minuten dauerte das Massaker. Dann hatten die Soldaten mit etwa tausendsechshundert Kugeln vierhundert Versammlungsteilnehmer getötet. Tausendzweihundert wälzten sich verletzt am Boden. Der blonde Kommandant, General Dyer, gab das Zeichen zum Rückzug. Die Verletzten wurden ihrem Schicksal überlassen.

»General Dyer, was war Ihre Absicht bei diesem Einsatz?«

»Ich hatte mir vorgenommen, alle diese Leute erschießen zu lassen!«

»Wenn die Einfahrt breit genug gewesen wäre, Panzerwagen durchzulassen, hätten Sie dann das Feuer mit Maschinengewehren eröffnet?«

»Ich denke ja, wahrscheinlich.«

»Von Zeit zu Zeit änderten Sie die Schußrichtung und ließen auf die Stellen zielen, wo die Menge am dichtesten stand?«

»Das stimmt.«

General Dyers Aussagen vor einer Untersuchungskommission führten keineswegs zu einer Anklage vor Gericht. Dyer wurde lediglich nahegelegt, seinen Dienst zu quittieren und künftig von seiner stattlichen Pension zu leben. Aber selbst diese unverständlich milde Konsequenz für den Mörder von vierhundert Menschen stieß in konservativen englischen Kreisen auf Empörung. Hatte der Mann nicht einfach nur seine Pflicht getan?

Die Reaktion der Inder ist verständlich. Ihre Wut und ihre Trauer wuchsen von Tag zu Tag, als sie von den unfaßbaren Vorgängen hörten. Es kam zu Entladungen. Erste Gewalttätigkeiten flackerten auf.

Und Gandhi? Eben erst hatte er zum Satyagraha-Widerstand gegen die Rowlatt-Gesetze aufgerufen. Nun brach er die Bewegung rasch wieder ab. Sollte sein Land in Blut und Chaos versinken? Er spürte genau, daß ein gewaltsamer Widerstand nur um so gewaltsamer unterdrückt werden würde. Und er spürte auch, daß seine Landsleute in Indien für die Satyagraha-Methode noch nicht reif waren. Trotz heftiger Kritik bestand er darauf, daß er, hätte er die Widerstands-Aktion nicht abgebrochen, einen »himalajagroßen Fehler« begangen hätte: »Ich begriff, daß ein Volk, ehe es zur Leistung zivilen Ungehorsams geeignet ist, dessen tiefere Zusammenhänge verstanden haben muß.«

Wieder begab er sich auf Reisen. Rastlos reiste er von

Versammlung zu Versammlung, um immer wieder bei seinen Zuhörern für seine Ideen zu werben, für seinen Plan, wie man das riesige Land aus seiner Unmündigkeit herausführen könne.

20. Rückblick in die Geschichte Indiens

Ein Staat war Indien eigentlich nie gewesen. Eher eine Kultur, die aus dem Hinduismus gewachsen war und sich über das riesige Land ausgebreitet hatte. Die große Halbinsel, oft auch als Subkontinent bezeichnet, ist von der übrigen Welt fast abgeschlossen. Im Norden türmen sich die Gebirgszüge des Himalaja und des Hindukusch, im Süden bilden das Arabische Meer und der Golf von Bengalen die natürliche Grenze.

Doch diese Grenzen waren nicht unüberwindlich. Seit Jahrtausenden strömten immer wieder fremde Völkerstämme über die Pässe der Berge in die fruchtbaren Ebenen des Indus oder des Ganges. Sie kamen aus den unterschiedlichsten Ländern: Perser, Griechen, Skythen, Hunnen, Araber, Türken, Mongolen, die Aufzählung ließe sich lange fortsetzen. All diese Gruppen brachten ihre ganz eigenen Bräuche mit nach Indien. Unter dem Hinduismus, den sie dort vorfanden, konnten sie ihre Bräuche erhalten. Er war umfassend genug, all diese Gruppierungen und Völkerstämme zu umschließen, ohne sie zu verschmelzen.

Um 1000 nach Christus landeten dann die großen schnellen Schiffe der Araber an den Südküsten. Die Invasion des Islams begann. Unter arabischer Herrschaft entstanden die großen Mogulreiche, bis schließlich im 17. Jahrhundert fast das ganze Indien unter islamischer Herrschaft war.

Diese Herrschaft war milde. Die meisten der weit über sechshundert Fürstentümer behielten ihre Eigenständigkeit. Sie wurden mit Verträgen an den Herrscher gebunden, die Hindus behielten die Freiheit der Religionsausübung. Als nach sechshundert Jahren das letzte Mogulreich zusammenbrach, war noch nicht einmal ein Fünftel der Bevölkerung zum islamischen Glauben übergetreten.

Doch nun kamen neue Eroberer. Nachdem Vasco da Gama den Seeweg nach Indien entdeckt hatte, waren immer mehr Europäer in das unbekannte Land vorgestoßen und hatten dort Stützpunkte eröffnet. Meist waren es Handelsniederlassungen, von denen aus die mit Gewürzen beladenen Schiffe ihre Heimreise nach Europa antraten. Den Briten gelang es schließlich, von ihren Stützpunkten aus das Land auch militärisch zu erobern, und im Jahr von Gandhis Geburt war Indien bereits fest unter britischer Herrschaft.

Doch natürlich machte es enorme Schwierigkeiten, ein so riesenhaftes Land zu verwalten. Mit 3,3 Millionen Quadratkilometern war die neue Kolonie fast neunzehnmal so groß wie Großbritannien. Mehr als siebenhundert unterschiedliche Sprachen wurden hier gesprochen, ein Inder aus Porbandar konnte sich mit einem Bengalen aus Kalkutta nicht verständigen. Hinzu kam die unglaubliche Zahl von 200 Millionen Menschen, die es zu beherrschen galt. Dies war nur mit Hilfe der eingeborenen Bevölkerung möglich.

Die britische Verwaltung ließ deshalb die sechshundert vorgefundenen Fürstentümer unangetastet. Mochten die Fürsten nur weiterhin Herrscher über ihre kleinen Gebiete bleiben, wichtig war allein, daß sie die britische

Oberherrschaft anerkannten. Und das taten sie notgedrungen. Auch an dem feudalen System der Grundherrschaft rührten die Engländer nicht. Solange Großgrundbesitzer Millionen von kleinen Bauern und Tagelöhnern in Armut hielten, waren diese nicht in der Lage und wohl auch nicht daran interessiert, sich gegen die Europäer zur Wehr zu setzen. Auch das bereits beschriebene Kastensystem trug im Sinne der britischen Regierung dazu bei, daß die Inder nicht zu einer gemeinsamen und wirkungsvollen Gegenwehr finden konnten.

Und doch brodelte es unter der Oberfläche. Vor allem in den Kreisen des Indischen Nationalkongresses wurde immer häufiger der Ruf nach Unabhängigkeit oder zumindest Regierungsbeteiligung laut. Beides kam für die Engländer nicht in Frage. Die Unabhängigkeit nicht, weil man diese reiche Kolonie nicht verlieren wollte, eine Regierungsbeteiligung nicht, weil sie die britische Vormachtstellung gefährdete.

Ein hoher britischer Beamter, Sir John Strachey, drückte die Meinung der Londoner Regierung klar und deutlich aus: »Obwohl ich glaube, daß keine fremde Herrschaft jemals mit geringerem Widerstreben akzeptiert worden ist, wie dies bei der britischen Herrschaft in Indien der Fall ist, bleibt doch die Tatsache, daß die Regierung durch Ausländer in keinem Land jemals volkstümlich war. Es wird der Anfang vom Ende unseres Imperiums sein, sollten wir diese grundlegende Tatsache vergessen und den Eingeborenen größere Vollmachten überlassen in der Annahme, daß sie unsere Herrschaft stets treu und fest unterstützen werden.«

England wollte also seine Macht erhalten. Um jeden Preis. Unter diesen Umständen wurden die Treffen des Indischen Nationalkongresses zwar toleriert, aber nur, weil dessen Mitglieder unter sich selbst uneinig waren und somit kaum zur Gefahr werden konnten. Einer der Konflikte innerhalb Indiens, den die Briten geschickt auszunutzen verstanden, war der Streit zwischen Moslems und Hindus.

Die Moslems fühlten sich in der Rolle einer unterdrückten Minderheit und sahen sich in ihren religiösen und sozialen Rechten zunehmend bedroht. Immer öfter flackerten Unruhen zwischen den beiden Glaubensgemeinschaften auf. Die Engländer wußten diese Unruhen zu schüren, indem sie den Moslems in der Armee einen größeren Einfluß einräumten, als ihnen von ihrer Zahl her zugestanden hätte. Und dies hatte wiederum seinen Einfluß auf den Kongreß. Obwohl sein Führer Gokhale immer wieder zur Einheit und Geschlossenheit aufrief, beschäftigte man sich dort mehr mit Glaubensproblemen als mit dem Ziel der Unabhängigkeit Indiens.

Das war die Situation, die Gandhi nach seiner Rückkehr aus Südafrika in Indien vorfand. Sie bestärkte ihn in seiner Meinung, daß nur mit Hilfe der einfachen Menschen, der Handwerker, Arbeiter und Bauern, der Kampf für die Unabhängigkeit Indiens gewonnen werden konnte. Doch diese Menschen waren ohne Selbstvertrauen. Ausgebeutet und entrechtet, nicht nur von den Engländern, sondern auch von den Mächtigen ihres eigenen Volkes, schienen sie kaum fähig, sich um etwas anderes als ihr tägliches Brot zu kümmern. So war es nur natürlich, daß er zu folgendem Schluß kam: »Wenn die britische Herrschaft morgen durch eine indische Herrschaft ersetzt würde, dann wäre Indien um kein Haar besser!«

Eine neue Ordnung war nötig, eine Ordnung, in der ein Bauer ein ebenso geachtetes Leben führen konnte wie ein Fürst. Aber nicht dadurch, daß der Fürst enteignet wurde, sondern indem er sich selbst einschränkte. Nicht einen Kommunismus wollte Gandhi, sondern eine moralische

Wandlung. Und eine Erziehung des einfachen Volkes zu neuem Selbstbewußtsein.

Dieses Selbstbewußtsein suchte Gandhi im Volk zu wecken. Wo er auftauchte, überall scharten sich die Menschen um ihn. Fast jeder hatte von seinem Kampf in Südafrika gehört, wo er stets für die Rechte der Ärmsten eingetreten war. Man wußte auch, daß Gandhi nie mehr von seinen Mitstreitern verlangte als von sich selbst. Dieser Mann lebte, was er sagte und dachte. Und bei seinen Reden waren seine Worte von so unerschütterlichem Ernst und von so viel Zuneigung zu seinen Zuhörern erfüllt, daß jeder sich verstanden fühlte. Gandhi schien es möglich zu sein, die Massen zu mobilisieren, die bislang im Kongreß weder Sitz noch Stimme hatten.

Als am 1. August 1920 der bisherige Kongreßführer Tilak in Bombay starb, wurde über seinen Nachfolger nicht lange debattiert. Gut einen Monat später wurde auf einer Sondertagung in Kalkutta Gandhi von der Mehrheit der Teilnehmer zum neuen Kongreßpräsidenten gewählt.

21. »Non-Cooperation«-Kampagne

Das Motto war einfach: Non-Cooperation. Keine Zusammenarbeit. Überall im Land ging es von Mund zu Mund, prangte von eilig an Bäume und Telegrafenmasten gehefteten Plakaten und Flugblättern, stand in allen Zeitungen: Boykottiert die Engländer, wo ihr könnt!

Boykottiert die Schulen, die Verwaltungen, die Gerichte! Boykottiert die englischen Waren! Boykottiert das

Tuch, das sie uns teuer verkaufen, nachdem sie uns die Baumwolle billig abgekauft haben. Stellt wieder selbst eure Textilien her! Spinnräder gibt es noch genug im Land. Auf Dachböden stehen sie, alt, verstaubt, aber noch funktionsfähig. Holt sie herunter. Spinnt und webt wieder euer eigenes Tuch!

Dann brannten die ersten Scheiterhaufen. Stundenlang hatten die Menschen Kleidung herbeigeschleppt. Gute Kleidung, aus englischem Tuch. Einer nach dem anderen war an den großen Haufen in der Mitte des Platzes herangetreten und hatte seine Kleidungsstücke hinaufgeworfen. Benzin wurde ausgegossen, dann schoß die Flamme zum Himmel und verzehrte die englischen Waren. Die Menschen jubelten. Sie trugen nun Kleidung aus grobem, selbstgemachtem Stoff, Kleidung, die sie selbst hergestellt hatten, deren Produktion keine englischen Tuchfabrikanten bereichert hatte.

Und inmitten der Menge stand wieder dieser kleine Mann, inzwischen mit einer schmucklosen Brille aus einem runden Drahtgestell und bekleidet nur mit einem Dhoti aus selbstgewebtem Stoff. Der Dhoti war einfach nur ein Lendentuch, Kleidung der Ärmsten der Armen. Gandhi hatte geschworen, es fortan als einziges Kleidungsstück zu tragen.

Während das Feuer emporloderte, fühlte Gandhi eine Hand, die sich von hinten auf seine Schulter gelegt hatte. Überrascht drehte er sich um. Hinter ihm stand ein großer blonder Mann. Er sah jung aus, sehr jung.

»Entschuldigen Sie, Mr. Gandhi, ich habe sie gerade erkannt und . . . nun, ich mußte einfach mit Ihnen reden. Parker ist mein Name. Ich bin von Reuters. Wir sind . . .«

»Ich kenne Reuters. Schon aus meiner Zeit in Südafrika. Sie arbeiten bei einer guten Nachrichtenagentur, junger Mann.«

»Danke.« Parker schien aus dem Konzept gebracht. »Mr. Gandhi, ich wollte nur fragen, ob Sie nicht vielleicht für ein Interview . . .«

»Aber natürlich. Ich glaube nur, daß dies hier nicht der richtige Ort ist.« Er wies mit einer fast entschuldigenden Geste auf das Feuer, aber dann nahm er Parker am Arm. »Kommen Sie, junger Freund, wir gehen ein paar Schritte abseits, und dann stellen Sie mir Ihre Fragen!«

Die beiden Männer entfernten sich von der Demonstration.

»Tut mir leid, daß ich Sie gerade beim Höhepunkt der Kampagne störe, aber wissen Sie, ich hab nur wenige Tage Zeit, dann muß mein Bericht nach London gekabelt werden.«

»Höhepunkt? Wo denken Sie hin? Dieses kleine Feuer heute ist nicht der Höhepunkt. Es ist der Anfang.« Gandhi blieb stehen und schaute den jungen Mann neben sich ernst an. »In den nächsten Tagen werden noch viele Feuer brennen. Nur wenn viele, sehr viele Menschen ihre englischen Stoffe verbrennen, dann kann ich Ihre Regierung empfindlich treffen. Das ist doch so, oder?«

»Ich glaube kaum«, meinte Parker in überlegenem Ton. »Glauben Sie wirklich, daß London nachgibt, nur weil Sie einige Kleidungsstücke anzünden?«

»Vielleicht nicht. Nein, ganz sicher nicht. Man wird uns in Gefängnisse stecken. Wegen Aufruhrs. Aber sagen Sie selbst: Wieviel Inder kann die Regierung einsperren? Hundert? Tausend? Zehntausend? Nun, unser Volk zählte im letzten Jahr 300 Millionen Menschen. Wollen Sie alle einsperren? So viele Gefängnisse kann nicht einmal das britische Imperium bauen.«

»Überschätzen Sie sich nicht, Mr. Gandhi!« erwiderte Parker amüsiert. »Wir werden Sie gewähren lassen. Warum sollten Sie nicht Ihre Kleidung verbrennen? Sie werden neue brauchen. Und wenn die Inder am Spinnrad sitzen, können sie auch keinen Aufstand machen.«

»Sie können dann aber auch keine Steuern zahlen.«

»Was wollen Sie damit sagen?«

»Nun, am 8. Februar werden wir unsere Kampagne zu einem Steuerstreik ausweiten. Zunächst nur in einem kleinen Bezirk im Süden. Doch wenn diese Aktion erfolgreich ist, werden wir sie auf das ganze Land ausweiten.«

»Sie nehmen sich einfach das Recht, die Steuern zu verweigern? Woher?«

Es war offensichtlich, wie verstört Parker in den letzten Minuten des Gesprächs geworden war. Eine solch ruhige Selbstsicherheit hatte er nicht erwartet.

Als einen »verrückten, kriminellen Fakir« hatte sein Kollege Gandhi bezeichnet, als er Parker losgeschickt hatte, um einige Neuigkeiten zu erfahren. Aber der Mann schien keineswegs verrückt, im Gegenteil. Man merkte, daß er genau wußte, wovon er sprach:

»Gewaltfreier Widerstand ist und bleibt das angeborene Recht eines jeden Bürgers.«

»Sie meinen, daß jeder das Recht hat, ein Chaos herbeizuführen?«

»Nein, nicht das Chaos! Ziviler Ungehorsam führt niemals zum Chaos oder zu Gesetzlosigkeit. Krimineller Ungehorsam schon. Deshalb muß ihn auch jeder Staat unterdrücken, wenn er nicht zugrunde gehen will.«

»Das sind doch Haarspaltereien!« begehrte Parker auf und wies auf die Flammen, die immer noch zum Himmel loderten. »Wo ziehen Sie da die Grenze?«

»Die Grenze ist einfach. Ein Anhänger des zivilen Widerstands greift niemals zu den Waffen. Für einen Staat, der die Meinung seiner Bürger hören will und sie zur Kenntnis nimmt, ist er also keine Gefahr. Anders für einen autoritären Staat. Ein solcher Staat ist auf Ruhe im Inneren angewiesen. Und gegen einen solchen Staat ist Widerstand Pflicht.«

»Pflicht?«

»Ja, Pflicht«, betonte Gandhi gelassen. »Ein Bürger, der sich mit einem solchen Staat einläßt, unterstützt ihn und macht sich also mitschuldig an Korruption und Ungerechtigkeit.«

Der Journalist lachte leise.

»Wenn Sie so argumentieren, dann wäre ja jederzeit und unter allen Umständen ziviler Widerstand erlaubt. Gegen jedes Gesetz, das irgendeinem Bürger nicht paßt. Sagen Sie selbst, Mr. Gandhi, ist das nicht absurd?«

Die beiden Männer hatten sich inzwischen immer weiter vom Platz der Kleiderverbrennung entfernt. Aus der Ferne hörten sie nur noch leise das Schreien und die Rufe der Inder, die immer noch um das Feuer tanzten. Gandhi lachte in sich hinein. Dieses unvermutete Streitgespräch machte ihm Freude.

»Es ist nicht absurd. Gut, wir könnten darüber streiten, ob es sinnvoll ist, gegen ein bestimmtes Gesetz zivilen Ungehorsam zu leisten. Die Antwort würde sicher vom Einzelfall abhängen. Aber eines betone ich: Das Recht auf zivilen Ungehorsam darf auf keinen Fall in Frage gestellt werden. Es handelt sich um ein angeborenes Recht, das man nicht aufgeben kann, ohne seine Selbstachtung in Frage zu stellen.«

Gandhi blinzelte den jungen Mann freundlich an, der verbissen schweigend neben ihm ging.

»Sie schauen mich an, als ob ich ein Ungeheuer wäre, das mit allen Mitteln den Umsturz des Staates betreiben will. Nein, nein, widersprechen Sie mir nicht, ich sehe es an Ihren Augen. Aber so schlimm sind wir Satyagrahis gar nicht. Im Gegenteil. Sehen Sie, Satyagraha-Kampagnen bedeuten auch, daß der Ausbruch von Gewalttätigkeiten oder eine allgemeine Rechtlosigkeit mit allen Mitteln verhindert werden.«

»Aber das ist doch niav! Sogar erschreckend naiv! Ihre guten Wünsche in Ehren! Aber glauben Sie wirklich, daß Sie bei Ihrer Kampagne den Ausbruch von Gewalttätigkeiten verhindern können? Sie haben etwas losgetreten, was sich durch die Köpfe von 300 Millionen Indern fortpflanzen kann. Glauben Sie tatsächlich, daß dann jeder so denken wird wie Sie?«

Gandhi wurde ernst.

»Das weiß ich nicht. Ich hoffe es. Ich bin über ein Jahr lang quer durch Indien gefahren und habe zu den Leuten gesprochen. Immer und immer wieder habe ich zu den Leuten von der Idee des Satyagraha gesprochen, wie wir sie in Südafrika erfolgreich erprobt haben. Ich vertraue darauf, daß meine Botschaft verstanden wurde.«

»Ist das alles, was Sie haben? Ihr Vertrauen?«

»Ja! Sie erwarten, daß Gewalt entsteht. Ich dagegen glaube an mein Volk. Aber sollten Sie recht behalten, nun, dann werde ich der erste sein, der die Kampagne abbricht. Und ich werde für die Fehler meiner Landsleute mit Fasten büßen.«

Parker fuhr sich mit einer verzweifelten Geste durch sein blondes Haar, aber er antwortete zunächst nicht. Schweigend gingen die beiden Männer nebeneinander her.

»Was sind Sie eigentlich für ein Mensch?« fragte Parker unvermittelt. »Ein Heiliger?«

Gandhi lachte fröhlich. »O nein, glauben Sie nur das nicht. Ich weiß, die Menschen nennen mich ›Mahatma‹, in ihrer Sprache bedeutet das ›Große Seele‹. Dabei ist meine Seele in Wirklichkeit noch recht klein. Nein, nein, ich bin nur auf der Suche.«

»Auf der Suche nach was?« fragte der Reporter erstaunt.

»Nach der Wahrheit, mein Freund. Ich bin auf der Suche nach der Wahrheit.«

Parker starrte den kleinen Inder noch einen Moment lang an, dann drehte er sich um und ging grußlos davon. »Also doch ein Verrückter«, knurrte er im Weggehen, »ich hab's doch gewußt!«

Parker behielt recht. Die Kampagne breitete sich aus wie ein Steppenbrand. Überall in den Städten loderten Feuer brennender Kleiderhaufen auf. Es schien, als forderten die Flammen immer mehr Inder dazu auf, sich den Aktionen gegen die Briten anzuschließen. Der Ruf nach Unabhängigkeit wurde immer lauter, war nicht mehr zu überhören.

Lord Loyds, damals Gouverneur in Bombay, erinnerte sich später noch recht gut an diese Zeit. Die Briten begannen unruhig zu werden, eine Krisensitzung folgte der anderen. Wahllose Verhaftungen begannen. Aber wie Gandhi vorausgesehen hatte, ließ sich dadurch das Problem nicht lösen: »Man kann eben nicht immer weiter Leute einsperren«, bestätigte Lord Loyd in seinen Erinnerungen, »und wenn sie gar noch den nächsten Schritt unternommen und sich geweigert hätten, Steuern zu zahlen, Gott weiß, wo wir hingeraten wären!« Der Sieg, so schien es, war greifbar nahe.

Doch es kam zu weiteren Gewalttätigkeiten. In einer Provinz im Norden Indiens wurden Polizisten, die einige Demonstranten mißhandelt hatten, von der aufgebrachten Menge in die hölzerne Polizeiwache getrieben. Die Türe wurde verbarrikadiert, dann wurde das Holz aus eilig herbeigeschleppten Kanistern mit Benzin getränkt, eine Fackel loderte auf, und binnen kürzester Zeit stand das Haus in Flammen. Jeder Fluchtversuch der Polizisten wurde von der johlenden Menge verhindert, qualvoll mußten die Beamten in den Flammen sterben.

Gandhi war erschüttert. Seine Mitkämpfer hatten sich wieder als unreif für den Satyagraha-Kampf erwiesen. Er brach die Kampagne ab und legte sich selbst, wie angekündigt, ein fünftägiges Sühnefasten auf.

Die Briten waren dagegen erleichtert. Für sie waren die Vorfälle Rettung in letzter Minute gewesen. Kein Wunder also, daß die Kongreßmitglieder meuterten, als Gandhi ihnen seinen Entschluß mitteilte. Doch sie mußten sich fügen. Ohne Mahatma Gandhi mußte die Revolte zusammenbrechen.

Als sich die Inder Gandhis Aufruf beugten und die Kampagne einstellten, reagierten die Briten prompt. Nun konnte man das Haupt der Bewegung unschädlich machen. Gandhi wurde verhaftet und in einem aufsehenerregenden Prozeß wegen Aufwiegelung angeklagt.

Aufrecht trat Gandhi in den überfüllten Gerichtssaal.

»Ich bin schuldig, gegen das Gesetz verstoßen zu haben. Gegen ein Gesetz, das ich nicht anerkenne. Deshalb, Sir, geben Sie mir bitte die Höchststrafe!«

Der Richter schaute erstaunt auf den kleinen Mann vor ihm. Es war seinem Gesicht abzulesen, wie unwohl er sich bei diesem Prozeß fühlte. Voll Anteilnahme verfolgten die Inder die Verhandlung: die Beweisaufnahme, die Argumente der Anklage und die souveräne Verteidigung Gandhis, welche immer mit der Forderung nach einer möglichst hohen Strafe für ihn selbst verbunden war.

Der Prozeß endete mit einer Sensation, welche die anwesenden Reporter aufhorchen ließ. Nach der Urteilsverkündung wandte sich der Richter an Gandhi und meinte in fast entschuldigendem Ton:

»Ich fühle es als meine Pflicht, Ihnen diese sechs Jahre

im ganzen aufzuerlegen, möchte aber beifügen, daß niemand glücklicher sein wird als ich, wenn es die weitere Entwicklung der Ereignisse in Indien der Regierung ermöglicht, diese Strafe herabzusetzen und Sie früher zu entlassen.«

Unruhe entstand. Die Reporter drängten nach vorne, um noch einen letzten Kommentar zu erhaschen, bevor Gandhi abgeführt wurde.

»Was sagen Sie zu der Äußerung des Richters, Mr. Gandhi?« rief der Reporter einer großen amerikanischen Zeitung durch das Stimmengewirr.

Gandhi lächelte: »Ein freundlicher Mann! Ich weiß nur nicht, ob ich mich seinen Wünschen anschließen kann. Würden sie doch bedeuten, daß es der Regierung gelungen wäre, unsere Bewegung zu unterdrücken. Und das hoffen wir doch beide nicht, oder?«

Immer noch freundlich lächelnd, ließ er sich von den Beamten abführen.

22. Spinnrad-Kampagne

»Sir, kommen Sie schnell!«

»Was ist denn, mitten in der Nacht!« Fluchend stieg der Chirurg des Zentralgefängnisses in Poona aus seinem Bett und eilte noch im Nachthemd an die Tür, gegen die mit äußerster Heftigkeit geklopft wurde.

Draußen standen im strömenden Regen zwei Wärter. Erleichtert atmeten sie auf, als der Arzt die Tür öffnete.

»Gott sei Dank, wir dachten schon, Sie wären nicht zu Hause!«

»Und ob ich zu Hause bin. Ich war da, wo man in so einer Nacht und bei einem solchen Wetter hingehört. Im Bett. Und dort möchte ich gerne wieder hin. Also, was gibt es?«

»Gandhi, es geht um Gandhi! Es ist schlimmer geworden! Sehr schlimm!«

»Morgen früh kommen die Spezialisten.«

»Morgen früh ist es wahrscheinlich zu spät! Sie müssen heute nacht schon operieren!«

»Himmel Herrgott, der Mann hat eine Blinddarmentzündung . . .«

»Eben, und es scheint, als würde er diese Nacht nicht mehr überleben. Sie wissen, was passiert, wenn er uns hier unter den Händen stirbt. Dann brennt morgen Poona!«

»Dieser verdammte Heilige . . ., also gut, ich komme gleich.«

Der Arzt lief zurück in sein Schlafzimmer, schlüpfte in die Kleidung und griff nach seiner Instrumententasche. Dann folgte er den beiden Wärtern zu den dunklen Mauern des Zentralgefängnisses. »Und das in so einer Nacht!« murmelte er wütend vor sich hin und stemmte sich gegen den Sturm, der ihn umzuwerfen drohte. Krachend fuhr in der Ferne der erste Blitz nieder.

Als sie den massiven Bau erreicht hatten, eilte der Arzt sofort zur Zelle Gandhis. Kein Zweifel, der Mann mußte sofort operiert werden. Drei Schwestern wurden herbeigeholt, dann brachte man Gandhi in das notdürftig zum Operationssaal hergerichtete Arztzimmer.

»Sie schaffen es, Doktor«, lächelte Gandhi mühsam unter seinen Schmerzen, bevor er durch die Narkose das Bewußtsein verlor. Die Operation begann. Der Chirurg arbeitete in fieberhafter Eile.

Plötzlich schrak er zusammen. Unmittelbar neben dem Gefängnis mußte ein Blitz niedergegangen sein. Für Sekunden war der kleine Raum taghell erleuchtet, danach folgte ein ohrenbetäubendes Donnern. Und dann: ein kurzes Flackern und schließlich die völlige Dunkelheit.

»Die Stromleitung!« keuchte eine Schwester entsetzt.

»Ja, die Stromleitung«, knurrte der Chirurg. »Und wie krieg ich den Kerl hier wieder zu? O verdammt, und das alles in dieser Nacht!«

»Wir haben eine Taschenlampe!«

»Holen Sie sie!«

Im Schein des kleinen Lichtkegels arbeitete der Arzt verbissen weiter. Aber die Batterien der Lampe waren fast verbraucht. Zunächst unmerklich, dann immer rascher wurde das Licht schwächer.

»Verdammt, ich brauch' Licht! Schwester, holen Sie irgendein Licht!«

»Wir haben keine Lampen mehr!«

»Gar nichts?«

»Nur noch eine alte Stallaterne! Aber bei einer offenen Wunde . . .«

»Holen Sie sie!«

Die Schwester zögerte und blieb unschlüssig stehen.

»Ich habe gesagt, Sie sollen sie holen!« brüllte nun der Arzt. »Oder wollen Sie, daß er uns hier stirbt?«

Als die Schwester die brennende Stallampe brachte, hatte er sich wieder beruhigt. Mit entschlossenen und geübten Griffen vernähte er die Wunde und legte den Verband an. Die Operation war, so schien es, geglückt.

»Eine verdammte Nacht«, murmelte er, als er die Handschuhe von seinen Händen zog. »Und alles nur wegen dieses Heiligen!«

Gandhi ging es sehr schlecht nach dieser dramatischen Operation. Sein Gesundheitszustand war so angegriffen, daß es die Behörden für sinnvoll hielten, ihn vorzeitig aus der Haft zu entlassen. Mochte er in Freiheit sterben, einen Märtyrer konnten die Briten im Moment nicht brauchen. Gerade jetzt nicht, wo die Auseinandersetzungen zwischen Moslems und Hindus mit neuer Härte aufflackerten und für zusätzliche Unruhe sorgten. Am 5. Februar 1924 konnte Gandhi, gestützt auf zwei Pfleger, das Gefängnis in Poona verlassen.

Er erholte sich nur langsam. Seine Freunde hatten ihn in ein abgeschiedenes Haus am Meer in der Nähe von Bombay gebracht und pflegten ihn dort aufopfernd. Als im September des gleichen Jahres die Auseinandersetzungen zwischen Moslems und Hindus einen gewalttätigen Höhepunkt erreichten, bei dem es Hunderte von Toten und Verletzten gab, war Gandhi zutiefst erschüttert. Obwohl immer noch schwach, entschloß er sich zu einem dreiwöchigen Fasten, um damit zur Buße und zum Beten aufzurufen. Einwände seiner Freunde, daß dieses Fasten so kurz nach seiner schweren Krankheit seinen Tod bedeuten konnte, beachtete er nicht weiter. Er hatte ein Gelübde abgelegt, und Gelübde waren für ihn heilig.

»Anschließend werde ich die Städte und Dörfer besuchen«, meinte er lächelnd zu Freunden, die sich besorgt nach seinen weiteren Plänen erkundigten.

»Städte und Dörfer?«

»Ja, im Gefängnis habe ich nachgedacht. Satyagraha war ein Fehler. Die Menschen sind noch nicht reif dafür. Wir müssen sie erziehen.«

»Und wie willst du sie erziehen, Mahatma?«

»Die Leute müssen lernen, das, was sie brauchen, selbst herzustellen. Das gibt ihnen Selbstvertrauen. – Gebt mir doch bitte etwas Wasser!«

Er benetzte sich die Lippen und fuhr dann fort:

»Es ist ganz einfach. Wir wollen Selbstregierung in Indien. Aber viele haben noch nicht gelernt, für sich selbst zu sorgen. Also werden wir ganz unten anfangen. Im Dorf. Hier, ich habe es für die Zeitung aufgeschrieben. Lest vor, ich selbst kann es im Moment nicht, meine Augen sind zu schwach.«

Einer der Besucher griff nach der Zeitung, die Gandhi ihm entgegenstreckte, und las laut den anderen vor:

»Meine Vorstellung von einer Dorf-Selbstverwaltung ist die einer kompletten Republik, unabhängig von den Nachbarn für die eigenen Lebensbedürfnisse, jedoch mit einer gegenseitigen Abhängigkeit von vielen anderen, wo diese Abhängigkeit eine Notwendigkeit ist. Somit sollte es die Hauptaufgabe eines jeden Dorfes sein, die eigene Nahrung und Baumwolle für eigenen Stoff anzupflanzen.

Das Dorf muß Weiden für sein Vieh haben und Freizeitplätze für Kinder und Erwachsene. Dann, wenn noch mehr Land vorhanden ist, wird es mehr nutzvolle, geldbringende Feldfrüchte anpflanzen und dabei solche wie Ganja, Tabak und Opium ausschließen. Das Dorf wird ein Dorftheater, eine Schule und eine Dorfhalle haben. Es wird sein eigenes Wasserwerk haben, das eine saubere Wasserversorgung sichert. Das kann durch kontrollierte Tanks oder Brunnen geleistet werden. Eine Schulbildung wird bis zum Abschluß der Grundausbildung Pflicht sein. Soweit wie möglich, wird jede Aktivität auf einer gemeinschaftlichen Basis stattfinden.«

Der Leser stockte. Dann gab er das Blatt Gandhi zurück.

»Ein schöner Traum!«

»Aber einer, für den es sich zu arbeiten lohnt, findet ihr nicht? Glaubt mir, mit der modernen Zivilisation der Engländer werden wir uns mehr schaden als nutzen. Wir müssen uns selbst entwickeln. Aus den Dörfern heraus. Hier leben die Menschen, nicht in den großen Städten. Von hier aus wird die Rettung für Indien kommen. Deshalb werde ich in die Dörfer gehen und zu den Leuten sprechen. Ich werde sie in der Verwendung des Spinnrades unterweisen und ihnen dort Rat geben, wo ich es vermag. Und ich werde sie im Weg des Satyagraha unterweisen. Denn eine Demokratie meiner Vorstellung, eine gewaltlose Demokratie, ist nur durch Satyagraha zu erreichen. Dann wird schließlich Freiheit für alle herrschen, und jeder wird sein eigener Herr sein. Dann ist Indien wirklich frei!« Gandhi schloß die Augen.

»Und jetzt laßt mich bitte allein!«

In den folgenden Monaten bereiste Gandhi erneut das Land. Ob mit Bahn, Auto, Boot oder zu Fuß, er kam in die entlegensten Dörfer, um für sein Spinnrad zu werben. Er hatte ein Gelübde abgelegt, täglich eine genau festgelegte Zeit auf seinem kleinen Spinnrad zu spinnen, und er hielt sein Gelübde, gleichgültig ob er sich bei einer Audienz, auf Konferenzen oder in einem fahrenden Zug befand. Auch die Kongreßmitglieder forderte er immer wieder auf, selbstgesponnenes Garn zu tragen. »Spinnen gibt den Dorfbewohnern neues Leben und neue Hoffnung«, betonte er, »es kann Millionen hungriger Mäuler füllen. Es erzieht Millionen. Es ist lebensspendend.«

Das Spinnrad machte er zum Symbol der indischen Unabhängigkeit und der nationalen Einheit. Sogar in der Flagge des Kongresses tauchte das Spinnrad auf. Es war ein Zeichen, das die einfachen Leute verstanden. Es verband sie mit der großen Politik, der sie früher so fern gestanden hatten.

Sechs Jahre sollte die Kampagne dauern, lediglich unterbrochen durch ein »Jahr des Schweigens«, in dem er sich ganz in seinen Ashram bei Ahmedabad zurückzog. Dort schrieb er an seiner Autobiographie, der er den bezeichnenden Titel ›Meine Experimente mit der Wahrheit‹ gab. Von dort aus schrieb er Briefe, beantwortete Fragen, die ihm von Besuchern und Reportern gestellt wurden, und bereitete seine weitere politische Arbeit vor.

Der Kongreß war unterdessen nicht untätig geblieben. Die von ihm organisierten Proteste gegen die englische Herrschaft schienen langsam zu einem Umdenken der britischen Behörden zu führen. London setzte eine Untersuchungskommission ein, welche den verfassungsrechtlichen Status Indiens klären sollte. Das Ergebnis der Kommission war aber enttäuschend. Man empfahl zwar, den einzelnen Provinzen indische Minister zuzugestehen; deren Anweisungen konnten jedoch durch den britischen Gouverneur außer Kraft gesetzt werden.

Der Kongreß reagierte empört. Nicht nur, daß die Kommission nicht ein einziges indisches Mitglied gehabt hatte, ihre Empfehlungen waren zudem auf keinen Fall akzeptabel. Man erarbeitete ein eigenes Modell, das jedoch von den Engländern schroff abgelehnt wurde. Erneut standen sich die beiden Seiten unversöhnlich gegenüber.

In dieser Situation mischte sich Gandhi wieder in die Politik ein. Auf der Jahrestagung des Kongresses brachte er den Vorschlag ein, daß die Inder wieder zum Satyagraha aufgerufen werden sollten, wenn die Regierung in London die Selbstverwaltung nicht innerhalb eines Jahres akzeptierte.

Das Jahr verging, ohne daß ein Nachgeben der Engländer in Sicht war. Nun wurde der Kongreß aktiv. Am 26. Januar 1930 wurden überall im Land Gelöbnisse abgelegt, daß man sich ab heute mit gewaltfreien Mitteln den Briten widersetzen würde, bis die Unabhängigkeit erreicht sei.

Der Kongreß legte diesen Tag sogar als offiziellen »Unabhängigkeitstag« fest und verabschiedete folgende Resolution:

»Die britische Regierung hat das indische Volk nicht nur seiner Freiheit beraubt, sondern seine Existenz auf der Ausbeutung der Massen aufgebaut und Indien wirtschaftlich, politisch, kulturell und spirituell zugrunde gerichtet. Wir glauben daran, daß Indien die Verbindung mit England aufgeben und seine vollständige Unabhängigkeit erlangen muß!«

Alle Welt blickte nun auf Gandhi. Würde er das Signal zum Aufstand geben?

Tatsächlich, Gandhi handelte. Allerdings auf eine Weise, die die Verwunderung von Freund und Feind hervorrief.

23. Der Salzmarsch

Lord Irwin, der Vizekönig, rieb sich verwundert die Augen. Angesichts der brisanten politischen Situation im Land, angesichts der nicht abreißenden Folge von Demonstrationen und Protestversammlungen, auf denen Massengelübde abgelegt wurden, endlich die britische Herrschaft abschütteln zu wollen, erschien ihm der Inhalt des Briefes von Gandhi geradezu absurd.

Verlangte dieser Mann doch nur, daß die Salzsteuer abgeschafft würde. Ausgerechnet die Salzsteuer! Sie war ein Relikt aus den frühen Tagen des Kolonialismus, als man die Segelschiffe von London nach Indien mit Salz belud, um Ballast zu haben. Damit man dieses Salz gewinnbringend verkaufen konnte, hatte man das indische Salz besteuert.

Nun, englisches Salz wurde schon lange nicht mehr nach Indien gebracht. Die Salzsteuer dagegen war geblieben und hatte sich zu einer der gewinnbringendsten Einnahmequellen der Kolonialverwaltung entwickelt. Aber auch zu einer schweren Last für die Ärmsten der Armen. Gandhi rechnete in seinem Brief Lord Irwin vor, daß ein indischer Arbeiter drei Tage zu arbeiten habe, nur um die Steuer aufzubringen. Deshalb werde er, Gandhi, am 11. März mit einem Marsch zur Südküste beginnen, um dort das Salzmonopol zu brechen. Die Regierung habe also noch genau eine Woche Zeit, das Steuergesetz zu ändern.

Natürlich konnte dieses unsinnige Ultimatum nicht angenommen werden. Lord Irwin bestellte sofort seinen Sekretär, und noch am gleichen Tag verließ ein Brief sein Haus, in dem Gandhi freundlich, aber bestimmt mitgeteilt wurde, daß man bedauerlicherweise nicht auf seine Wünsche eingehen könne.

Gandhi hatte wohl nichts anderes erwartet. Ungerührt von den Vorhaltungen der Kongreßmitglieder, die mehr als nur einen Feldzug gegen die Salzsteuer von ihm erwartet hatten, bereitete er sich auf den 11. März vor. Er informierte die Presse von seinem Vorhaben, lud Korrespondenten ausländischer Zeitungen ein und sammelte schließlich eine kleine Schar Anhänger um sich, die ihn auf dem langen Marsch begleiten sollten.

Was dann geschah, traf Lord Irwin und die Kongreßmitglieder völlig unerwartet. Mit seinem großen Gespür für politische Stimmungen hatte Gandhi ein Thema gewählt, das jeden Menschen im Land anging. Die Salzsteuer betraf jeden, vor allem jedoch die Armen. Die Salzsteuer abzuschaffen, wäre der Regierung möglich gewesen, ohne ihr Gesicht zu verlieren. Daß sie es nicht tat, das zeigte, wie wenig man sich in London um die Wünsche der Inder scherte. Jeder Inder konnte nun begreifen, um was es ging. Die Abschaffung der Salzsteuer wurde zum Symbol der Abschaffung des Kolonialismus.

Wie sehr Gandhi den Nerv des Landes getroffen hatte, zeigte sich am 11. März. Zehntausende hatten sich in Ahmedabad versammelt. Reporter und Journalisten aus aller Welt fuhren vor und kämpften um die besten Plätze in den Rundfunk- und Telegrafiestationen. Der Abmarsch geriet unversehens zu einem grandiosen Schauspiel, das in alle Welt übermittelt wurde.

Und dann Gandhi selbst. Wie immer in seinen Dhoti gekleidet, ohne Kopfbedeckung, stand er in der glühenden Sonne, die auf das Ufer des Sabarmati-Flusses herabbrannte. Klein, braungebrannt und fast hager, gestützt auf einen langen Bambusstab, wirkte er fast übersinnlich, wie ein Prophet, der sein Volk in die Freiheit führen würde.

Der Marsch begann. Mit weit ausholenden Schritten ging Gandhi den achtundsiebzig Satyagrahis voran, die ihn begleiten sollten. Links und rechts vom Weg warfen sich die Menschen vor ihm nieder, bestreuten die staubige Straße mit Blumen, benetzten sie mit Wasser und küßten, wann immer möglich, seine Füße.

Die Reporter waren begeistert von dem Bild, das sich ihnen bot. Mit ekstatischer Stimme sprachen sie in ihre Mikrofone, die Bleistifte kritzelten begeisterte Artikel auf das staubige Papier. Und wer sich dem Marsch anschloß, der konnte in jedem Dorf, in jeder Stadt immer wieder das gleiche Bild erleben: Tausende von Menschen, welche die Pilger begeistert feierten.

Lord Irwin stand vor einer schweren Entscheidung. Es schien so, als würde sich hier ein Volksaufstand anbahnen. Andererseits mochte dieser Volksaufstand erst recht losbrechen, wenn er Gandhi verhaften ließ. Vielleicht war es also klüger, ihn gewähren zu lassen. Nach einigen Tagen würde sich die Begeisterung der Massen wieder abgekühlt haben.

Doch Irwin täuschte sich. Je länger der Marsch dauerte, desto knisternder wurde die Spannung über dem Land. Immer mehr Menschen schlossen sich dem Zug zum Meer an, die Zeitungen berichteten täglich und an bester Stelle darüber, das ganze Land fieberte mit diesen Menschen, die dem gewaltigen Imperium furchtlos die Stirn boten.

Nach vierundzwanzig Tagen hatten sie die dreihundertfünfundachtzig Kilometer zwischen Ahmedabad und dem kleinen Dorf Dandi an der Küste des arabischen Meeres hinter sich gebracht. Am Abend des 5. April 1930 erreichte Gandhi an der Spitze seiner zu einer Demonstration angewachsenen Gruppe den Strand. Lauter Jubel brach aus. Man war am Ziel.

Am nächsten Morgen, nach einem Bad im Meer, grüßte Gandhi die Menschen, die sich am Strand eingefunden hatten. Sechstausend waren es, die auf die symbolische Handlung warteten, mit der Gandhi das Salzgesetz brechen würde. Das Mahatma bückte sich und hob eine Handvoll der natürlichen Salzablagerungen am Strand auf. Dann zeigte er sie stumm der Menge.

Eine schlichte Geste, und sie löste die größte Massenbewegung aus, die Indien bis dahin erlebt hatte. Aus dem ganzen Land pilgerten die Menschen zum Meer, um dort Salz zu gewinnen, das für sie auf einmal kostbarer geworden war als Gold. »Boykottiert englisches Salz!« Dieser Schlachtruf breitete sich rasch bis in den letzten Winkel des Landes aus. Und schnell wurde er zu einem: »Boykottiert englische Waren!«

Lord Irwin konnte nun nicht mehr tatenlos zusehen. Der Widerstand mußte gebrochen werden, Indien war sonst nicht mehr zu regieren.

Am 5. Mai ließ er das Lager Gandhis durch Polizei umstellen und den alten Mann im Schutz der Dunkelheit in das Gefängnis von Poona bringen. Dann wartete man auf den nächsten Morgen. Wie würde Indien reagieren?

Es war, als hätte Lord Irwin in ein Wespennest gestochen. Kaum hatten die Zeitungen die Nachricht von Gandhis Verhaftung gebracht, brach ein landesweiter Streik aus, der alles bisher Dagewesene weit übertraf. Die Fabriken standen still, die Schulen wurden geschlossen, und wer einkaufen wollte, stand vergeblich vor den Geschäften, deren Besitzer sich dem Streik angeschlossen hatten. Es schien, als wäre eine Steigerung des gewaltfreien Widerstandes nicht mehr möglich.

In London fanden pausenlos Krisensitzungen statt, auf denen die neuesten Meldungen aus Indien analysiert und besprochen wurden. Sollte man nachgeben? Nein. Warten wir es ab, war die allgemeine Ansicht. Wenn man hart blieb, würden die Inder nachgeben. Man hatte ja Zeit.

Dann kam der 29. Mai 1930. Eine lange Kette von Menschen bewegte sich nördlich der Stadt Bombay auf das Salzbergwerk Dharasana zu. Ihr Ziel hatten sie zuvor angekündigt. In einer Satyagraha-Aktion wollten sie das Bergwerk gewaltfrei besetzen.

An ihrer Spitze gingen die Dichterin Sarojini Naidu und der zweite Sohn Gandhis, Manilal. Zweitausendfünfhundert Menschen umfaßte der Zug. Viele Kongreßmitglieder waren darunter. Alle Demonstranten waren mit weißen Mützen und Dhotis bekleidet, es war ein eindrucksvolles Bild. Immer näher kam der Zug dem Bergwerk, das von vierhundert indischen Polizisten geschützt wurde.

Webb Miller, Journalist und Mitarbeiter der amerikanischen Nachrichtenagentur United Press, ging etwas abseits auf einen Hügel. Von hier aus hatte er einen guten Überblick, um über die kommenden Ereignisse zu berichten.

»In vollständigem Schweigen marschierten die Gandhi-

Leute auf und blieben etwa neunzig Meter von der Einfriedung entfernt stehen. Eine ausgewählte Schar löste sich aus der Menge, watete durch den Graben und näherte sich dem Stacheldrahtzaun. Plötzlich ein Kommando, und ein Haufen von indischen Polizisten stürzte sich auf die herandrängenden Demonstranten, und sie schlugen mit eisenbeschlagenen Bambusstöcken auf die Köpfe der Menschen. Nicht einer der Demonstranten erhob auch nur den Arm, um die Schläge abzuwehren. Sie fielen um wie die Kegel. Dort, wo ich stand, hörte ich die entnervenden Schläge der Keulen auf ungeschützte Schädel. Die wartende Menge stöhnte und zog bei jedem Schlag den Atem ein in leidendem Mitgefühl. Die Niedergeschlagenen fielen mit ausgebreiteten Armen hin, bewußtlos oder sich krümmend, mit gebrochenen Schädeln oder Schultern. Da gab es keinen Kampf, kein Handgemenge, die Demonstranten marschierten einfach vorwärts, bis sie niedergeschlagen wurden.«

Dreihundertzwanzig Verletzte und zwei Tote kostete die Aktion am Salzbergwerk. Webb Miller war erschüttert. Noch nie in seinem achtzehnjährigen Berufsleben als Reporter hatte er so grausame und zu Herzen gehende Szenen erlebt. Sein Bericht wurde von United Press an Tausende von Zeitungen in der ganzen Welt geliefert. Ein weltweiter Proteststurm ohnegleichen entstand, der die Freilassung Gandhis und die Anerkennung seiner Forderungen von der britischen Regierung forderte.

Lord Irwin kapitulierte. Im Januar 1931 ließ er Gandhi bedingungslos frei. Und im März desselben Jahres erhielt Gandhi die Zustimmung zum Verkauf des »indischen Salzes«. Zwar tobten die konservativen Kreise in England, Churchill sprach gar von dem »halbnackten Fakir«, dem man nicht nachgeben dürfe, doch in der augenblicklichen Situation blieb der Regierung keine andere Wahl.

Gandhi begnügte sich nicht mit diesem Erfolg. Zwar kündigte er die vorläufige Beendigung der Satyagraha-Aktionen an, doch zugleich stellte er neue Forderungen. Auf einer Konferenz in London wollte er erreichen, daß künftig kein englischer Stoff mehr nach Indien ausgeführt werden sollte. Außerdem forderte er eine Entschädigung der Bauern, deren Land von den Engländern beschlagnahmt worden war. Im September 1931 fuhr er in Begleitung seines jüngsten Sohnes nach England. Doch sehr schnell stellte sich heraus, daß die britische Regierung keineswegs daran dachte, weitere Zugeständnisse zu machen. So warb Gandhi auf seine Art für die indische Sache.

Er war zu einer berühmten Persönlichkeit geworden, die Aufsehen erregte. Täglich meldeten sich neue Besucher in seiner Londoner Wohnung an, darunter auch so große Namen wie Charlie Chaplin oder George Bernard Shaw. Aber Gandhi suchte auch das Gespräch mit den Arbeitern des Landes. Um für seine Forderung nach Einschränkung der englischen Exporte zu werben, fuhr er zu den Textilarbeitern in Lancashire, welche unter den Boykotten der Inder am schlimmsten zu leiden hatten. Obwohl es dabei nicht zu den befürchteten Tumulten kam, wurde bei diesen Gesprächen aber auch deutlich, wie sehr die Interessen der Ärmsten unter den Engländern denen der ärmsten Inder entgegenstanden.

Als Gandhi im Dezember wieder abreiste, hatte er zwar auf dem Verhandlungsweg für sein Land nichts erreicht, seine Popularität in Europa war jedoch weiter gestiegen.

In Indien bereitete man sich indessen auf seine Rückkehr vor. Seit März hatte das Land einen neuen Vizekönig, Lord Wellington. Der neue Machthaber hatte seine eigenen Vorstellungen darüber, wie man mit den Indern umgehen mußte. Er hielt nichts von Verhandlungen wie

Lord Irwin, seiner Meinung nach half hier nur gnadenlose Härte. Die Bewegung gegen das Empire mußte zerstört werden, und Wellington hielt sich für genau den richtigen Mann, dies zu erreichen.

Noch während sich Gandhi auf der Rückreise befand, schlug Lord Wellington zu. In einer groß angelegten Polizeiaktion wurden die führenden Mitglieder des Kongresses verhaftet und verschwanden in den Gefängnissen. Dann weitete man den Kreis der Verhaftungen aus. Tausende wurden in diesen letzten Tagen des Jahres 1931 angehalten und nach kurzem Prozeß eingesperrt. Auch Gandhi selbst war kaum acht Tage auf indischem Boden, als sich die Tore des Yeravda-Gefängnisses in Poona hinter ihm schlossen. Auf direkte Anweisung des Vizekönigs wurde er ohne Gerichtsverhandlung – vorbeugend, wie es hieß – festgesetzt. Wieder brachen Streiks und Demonstrationen aus, doch dieses Mal waren die Menschen ohne Führung. In einer beispiellosen Verhaftungswelle, der achtzigtausend Menschen zum Opfer fielen, brach die Bewegung zusammen.

24. Kampagne für die Unberührbaren

»›Harijan‹ bedeutet ›ein Kind Gottes‹. Alle Religionen der Welt beschreiben Gott vornehmlich als Freund der Freundlosen, Hilfe der Hilflosen und Schützer der Schwachen. Ich sehe von der übrigen Welt ab – wer kann in Indien freundloser, hilfloser und schwächer sein als die vierzig oder mehr Millionen indischer Hindus, die als ›Unberührbare‹ bezeichnet werden? Wenn daher irgendein Volksteil passend als Gotteskinder beschrieben werden kann, so sicherlich diese hilflosen, freundlosen und verachteten Leute ... Wenn die Kastenhindus aus eigener innerer Überzeugung und daher freiwillig sich von der heutigen Vorstellung von Unberührbarkeit befreit haben, können wir alle Harijans genannt werden; denn dann werden nach meiner bescheidenen Auffassung die Kasten-Hindus Gnade bei Gott gefunden haben und können also passend als seine Kinder bezeichnet werden.«

Am 11. Feburar 1933 erschienen diese Worte in der ersten Ausgabe einer neuen Zeitschrift, die Gandhi herausgab: ›Harijan‹. Mit ihr wollte er sich für die Rechte der Unberührbaren einsetzen. Unvermutet war er während seiner Gefängnishaft von der nationalen Frage auf dieses soziale Problem umgeschwenkt. Seine politischen Freunde stöhnten auf. War dies nicht Verrat, die Nation in einem so entscheidenden Moment im Stich zu lassen? Jawaharlal Nehru, der spätere Ministerpräsident Indiens und Schüler Gandhis, schrieb enttäuscht: »Das Band der Treue, das mich viele Jahre an ihn gebunden hat, ist zerrissen.«

Zwar waren solche und schlimmere Äußerungen für Gandhi schmerzlich, aber er hielt an seinem Entschluß fest. Vor dem endgültigen Kampf um die Unabhängigkeit wollte er zunächst sein eigenes Land dazu erziehen, die Unterdrückung der Unberührbaren zu beenden. Hatten die Inder denn ein moralisches Recht, gegen die weißen Herren aufzubegehren, wenn sie innerhalb ihrer Gesellschaft genauso gerne selbst die braunen Herren waren?

»Keiner kann als Unberührbarer geboren werden«, schrieb Gandhi später, »da alle Funken ein und desselben Feuers sind. Es ist ein Unrecht, gewisse menschliche Wesen als von Geburt aus unberührbar zu behandeln.

Diese Forderung wird nicht nur dadurch erfüllt, daß

man sich mit Unberührbaren befreundet, sondern daß man alles Leben liebt wie sein eigenes Selbst. Die Abschaffung der Unberührbarkeit bedeutet Liebe und Dienst an der ganzen Welt und ist somit Ahimsa.«

Wie ernst Gandhi diese Worte meinte, zeigte sich am 20. September 1931. Als Reaktion auf ein Gesetz der Briten, das eine getrennte Wahlliste für die Unberührbaren vorsah und so deren religiösen Status auch politisch festschrieb, begann Gandhi ein »Fasten bis zum Tode«.

Fieberhafte Aktivität brach aus. Man glaubte diesem Mann, was er sagte. Würde das Gesetz bestehenbleiben, dann war sein Tod sicher. Zunächst begannen die Verhandlungen zwischen den Vertretern der einzelnen Hindu-Parteien. Vor allem die orthodoxen Hindus wehrten sich erbittert gegen eine Gleichstellung mit den Unberührbaren. Doch der sich ständig verschlechternde Gesundheitszustand Gandhis zwang sie schließlich ebenso wie die Briten zum Nachgeben.

Als die Kommission endlich beschloß, gemeinsame Wahlen und eine Verbesserung der sozialen Lage der Harijans anzustreben, atmete man im Land auf. Gandhi beendete das Fasten sichtlich erleichtert. Erst in den nächsten Monaten sollte sich jedoch zeigen, daß er sich nun die erbitterte Feindschaft der orthodoxen Hindus zugezogen hatte.

Der Kampagne für eine Gleichstellung der Harijans widmete Gandhi in den folgenden Jahren seine ganze Energie. Als er nach einem erneuten Hungerstreik vorzeitig aus dem Gefängnis entlassen wurde, weil man um sein Leben fürchten mußte, begann er erneut durch Indien zu reisen. Neun Monate war er unterwegs, um für Toleranz zwischen den Kasten und Gleichberechtigung der Kastenlosen zu werben. Tatsächlich schien er auch zunächst Erfolg zu haben. Im Sog der Begeisterung, die er für seine

Sache entfachen konnte, öffneten die Hindus den Unberührbaren die Tempeltüren. Szenen der Verbrüderung fanden in den entferntesten Orten statt. Aber der Schein trog. War Gandhi weitergereist und die Begeisterung abgeklungen, dann kehrten die alten Verhältnisse wieder ein.

Mit seiner Harijan-Kampagne hatte Gandhi allerdings das Lager des orthodoxen Hinduismus herausgefordert. Mit Sprechchören und schwarzen Fahnen tauchten seine Gegner in den Versammlungen auf und versuchten seine Reden zu stören. Sogar vor Gewalt schreckten sie nicht zurück. Gandhi entging in dieser Zeit nur knapp einem Bombenattentat.

Während Gandhi seinen Feldzug für die Unberührbaren führte, spitzten sich die Verhältnisse in Indien immer weiter zu.

Dies lag vor allem an dem Streit zwischen Hindus und Moslems, der immer heftiger zu werden drohte. Unter der Führung von Mohammed Ali Jinnah machte die Moslemliga dem Nationalkongreß das Recht streitig, für die Gesamtheit der Inder zu sprechen. Jinnah, der lange Zeit noch gesprächsbereit gewesen war, verfolgte eine immer kompromißlosere Politik. Schon öfters hatte man hinter vorgehaltener Hand gehört, er strebe einen eigenen moslemischen Staat an. Genaues wußte allerdings niemand darüber. Diese Gerüchte waren Anlässe zu immer neuen Ausschreitungen gegen die Moslems. Die Folge davon war, daß die Moslemliga noch stärker als bisher auf ihre Eigenständigkeit pochte.

Doch auch im Kongreß schien die bewährte Einigkeit zu zerbrechen. Seit Gandhi den Satyagraha-Kampf für die nationale Unabhängigkeit beendet hatte, war sein Ansehen unter den Kongreßmitgliedern stark gesunken. Die alten Kämpfe zwischen dem linken und dem rechten Flügel brachen wieder auf, die Delegierten zerstritten sich in endlosen Debatten.

Unter diesen Bedingungen gab Gandhi enttäuscht seine Mitarbeit im Kongreß auf. Er wollte sich zurückziehen. Schließlich war er inzwischen ein alter Mann von sechsundsechzig Jahren, und die Entbehrungen, Gefängnisaufenthalte, Fastenaktionen hatten seine Gesundheit stark angegriffen. Fast schien es, als wäre er am Ende angelangt. Er beschloß, sich künftig nur noch um die sozialen Belange seines Landes zu kümmern. Da war zum einen seine Idee der Dorfentwicklung, die er immer noch verfolgte. Zum anderen wollte er die Harijan-Kampagne bis zu ihrem endgültigen Erfolg, der Versöhnung der Kasten, weiterführen.

Um ein Zeichen für seinen Rückzug aus der »großen Politik« zu setzen, gab er seinen Ashram bei Ahmedabad auf und siedelte nach Wardha in Zentralindien um. Dort, unter schlechtesten klimatischen Bedingungen, baute er mit Kasturba einen Ashram auf. Mit einer einzigen Hütte begannen sie, aber es dauerte nicht lange, bis sich die ersten Besucher über die schlammigen Wege in dieser feuchtheißen Gegend kämpften. Nach Wardha kamen Menschen aus allen Teilen der Welt, für die dieser Mann zum Vorbild geworden war. Viele kamen, um hier zu leben und zu lernen. Für sie war Gandhi ein Idol des gewaltfreien Widerstandes geworden.

Aber viele fuhren wieder enttäuscht nach Hause, als sie bemerkten, daß ein Leben im Ashram ihnen äußerste Disziplin und Selbstgenügsamkeit abverlangte. Die Mitglieder der Gemeinschaft erhielten nur die nötigste Kleidung: einen Dhoti oder ein Hemd mit einer kurzen Hose, sowie eine Decke. Man stand um vier Uhr auf, arbeitete bis in die Dunkelheit und erhielt eine Nahrung, die sich bewußt nicht von der der Ärmsten unterscheiden sollte und kaum ausreichend war.

Auch Gandhi fügte sich in diesen Rhythmus ein. Briefe, die an ihn gerichtet waren, beantwortete er stets eigenhändig; und oft waren es mehr als fünfzig Briefe, die er schrieb. Daneben pflegte er Kranke, und man fand bei ihm immer ein offenes Ohr, wenn es Probleme zu besprechen galt. Vor allem jedoch kümmerte er sich um seine Kampagnen, mit einer Energie, die Jüngere verzweifeln ließ.

Gandhi äußerte sich auch sehr deutlich zu den weltpolitischen Fragen seiner Zeit. In einem Brief an Adolf Hitler, auf den er keine Antwort erhielt, bat Gandhi um die Wahrung des Weltfriedens. Vergeblich. Vier Wochen später fielen die Deutschen in Polen ein, der Zweite Weltkrieg begann. Der indische Nationalkongreß verurteilte den deutschen Überfall aufs schärfste.

Bald bekam Indien selbst die Auswirkungen des Krieges zu spüren. Weil England nun die Unterstützung durch die Kolonie dringend brauchte, erklärte der neue Vizekönig Lord Linlithgrow Indien kurzerhand zur kriegführenden Nation. Der indische Nationalkongreß erwiderte eindeutig: ohne Demokratie und Selbstbestimmung für Indien keine Unterstützung der Briten. Versprechungen und Vertröstungen der Engländer auf die Zeit nach dem Krieg lehnte der Kongreß ab. Doch alle Verhandlungen mit England scheiterten: Großbritannien war nicht bereit, Indien in die Unabhängigkeit zu entlassen. In dieser Situation wandte sich der Kongreß wieder an Gandhi. Dieser hatte seine letzte große Kampagne zur Befreiung Indiens schon vorbereitet.

25. »Quit India«-Kampagne

Viel hatte er nicht gesagt, dieser junge Mann, der gestern in das Dorf gekommen war. Nur daß man heute auf den Dorfplatz kommen solle. Er habe etwas zu sagen, etwas Wichtiges. Nun gut, Neuigkeiten gab es selten im täglichen Ablauf der Bauern. So standen sie jetzt erwartungsvoll um die kleine Kiste herum, die der Fremde soeben auf den Platz getragen hatte. Nun stieg er auf die Kiste, den weißen Dhoti fest um sich geschlungen, und zwirbelte etwas verlegen an seinem kurzen Schnurrbart. Dann hob er die Hände zu einer begrüßenden Gebärde.

»Liebe Freunde! Bitte, seid etwas ruhig, liebe Freunde! Hört, was ich euch zu sagen habe!«

»Rede schon. Wir müssen auf das Feld, bevor die Mittagshitze kommt!«

»Liebe Freunde! Danke, daß ihr alle so zahlreich gekommen seid. Denn es ist wichtig, was ich euch heute zu sagen habe. Ihr wißt, daß in Europa ein schwerer Krieg ausgebrochen ist?«

»Sicher!« rief eine schrille Frauenstimme. »Erst kürzlich waren die Engländer hier. Sie wollten Burschen aus unserem Dorf anwerben, für die Armee!«

»Genau deshalb bin ich hier. Die Engländer wollen für ihren Krieg unsere Söhne, sie wollen für ihren Krieg unser Geld. Deshalb fahren sie von Dorf zu Dorf und sprechen zu den Leuten. Uns«, und damit schlug er sich selbstbewußt auf die Brust, »uns vom Nationalkongreß, ja, jedem Inder, haben sie verboten, Reden zu halten, die nicht für den Krieg werben.«

Auf dem Platz war es ganz still geworden. Alle schauten zu dem Mann auf der Kiste, der mit jugendlicher Ernsthaftigkeit weitersprach:

»Aber warum sollten wir für den Krieg werben? Es ist nicht unser Krieg! Wenn die Europäer über sich herfallen, um sich zu zerfleischen, sagt ehrlich, was geht das uns an?«

»Hast recht, Junge!« rief ein alter Mann mit weißem Bart dazwischen. »Hast recht! Aber was sollen wir tun? Auf uns hier, auf uns Bauern, hört doch niemand!«

»Dann müssen wir dafür sorgen, daß man auf uns hört! Ihr kennt den Mahatma. Ihr wißt, daß der Mahatma immer ein Herz für die Armen gehabt hat. Nun, der Mahatma hat mich zu euch geschickt. Er läßt euch sagen, daß wir Inder nicht mehr bereit sind, für die Engländer zu töten und getötet zu werden. Er bittet euch, den Briten nicht mehr mit Geld oder mit euren Söhnen in ihrem Krieg zu helfen. Wir Inder werden dem Krieg mit gewaltlosem Widerstand begegnen. Und ich bin sicher, daß ihr euch mir anschließt. Daß ihr mich und den Mahatma unterstützt. Ich weiß, daß ihr helfen werdet, daß Indien endlich seinen Frieden bekommt und vor allem endlich frei wird.«

Der junge Mann hatte sich in eine wahre Begeisterung hineingeredet. Darum hatte er wohl auch nicht die Bewegung bemerkt, die unter seinen Zuhörern entstanden war. Während seiner letzten Worte hatten sich die Dorfbewohner ängstlich nach links und rechts zusammengedrängt, so daß eine kleine Gasse entstanden war.

Durch diese stürmten im Laufschritt vier Soldaten, Bambusstöcke in den Händen. Schon der erste Schlag riß den Mann in seinem weißen Dhoti von seiner Kiste herunter. Die Menschen wichen schreiend zurück und machten damit den Soldaten Platz, die nun mit aller Kraft auf die am Boden kauernde Gestalt einschlugen. Die Hiebe trafen wahllos: Arme, Beine, Rücken. Der Mann wehrte sich nicht, er stöhnte nur laut auf, als der Bambusstab des Anführers sein Gesicht traf und ihm die Nase brach. Blut lief jetzt über sein Gesicht.

»So, ich glaube, er hat jetzt genug.« Der Anführer der Soldaten gab ein Zeichen, die Prügel hörten auf.

»Komm, Freundchen! Das Gefängnis wartet schon auf dich. Dort kannst du weiterreden! Du predigst hier Aufruhr, was? Du und deine Helfershelfer. Aber wir kriegen euch klein. Das verspreche ich dir! – Packt ihn!«

Die Soldaten packten den Redner und schleiften ihn durch den Staub zu einem Wagen, der am Rande des Dorfes stand.

»Und ihr geht wieder an die Arbeit!« schnauzte einer der Soldaten die Dorfbewohner an, die schweigend und ängstlich den Vorgang beobachteten. »Wir werden dieses Unkraut schon ausrotten, verlaßt euch drauf. In den Gefängnissen ist genug Platz.«

Mit tausendfünfhundert Satyagrahis hatte Gandhi die Kampagne begonnen. Sie waren durch die Städte und auf die Dörfer gezogen und hatten dort den gewaltfreien Widerstand gepredigt. »Unterstützt die Engländer nicht! Unterstützt nicht ihren Krieg!« Diese Parolen hörte man bald in ganz Indien.

Die Engländer reagierten zuerst verstört, dann gereizt. Während sie in Europa in den schweren Krieg verwickelt waren, durften sie in Indien nicht dulden, daß man ihnen die Gefolgschaft und damit die lebensnotwendige Unterstützung aufkündigte. Sie mußten deshalb die Antikriegspropaganda mit allen Mitteln zu unterdrücken versuchen.

Greiftrupps wurden losgeschickt, um die Satyagraha-Kämpfer abzufangen und in die Gefängnisse zu bringen. Doch seltsam: Je mehr Anhänger Gandhis verhaftet wurden, desto mehr schienen an ihre Stelle zu treten. Nach noch nicht einmal vier Monaten waren über zweihunderttausend Leute verhaftet und wegen Überschreitung des Redeverbotes zu durchschnittlich zwölf Wochen Haft verurteilt. Aber was half es? Mit ungebrochener Energie wurde die Agitation fortgeführt.

Dann kam der 21. Juni 1941. Die deutsche Wehrmacht überfiel die Sowjetunion und stieß tief in das Landesinnere vor. Ganz Europa brannte nun. Die Briten verdoppelten ihre Kriegsanstrengungen, zunächst ohne Erfolg. Im Gegenteil, am 7. Dezember brannte die amerikanische Flotte im pazifischen Pearl Harbor. Die Japaner hatten begonnen, den asiatischen Raum zu erobern. Als sie am 8. März Rangun in Birma erobert hatten, war es nur noch eine Frage der Zeit, wann sie die Grenze zu Indien überschreiten würden.

Großbritannien war nun in einer schwierigen Lage. Während in Europa alle Kräfte für den Krieg benötigt wurden, schien die asiatische Kolonie in Gefahr zu geraten, von den Japanern übernommen zu werden. Und Japan war mit Hitler verbündet. Unter diesen Umständen mußte Indien unbedingt befriedet werden.

Während in London fieberhaft an Plänen gearbeitet wurde, wie man den oppositionellen Nationalkongreß ausschalten konnte, wurde Sir Stafford Cripps mit einem Verhandlungsangebot nach Indien geschickt. Er sollte für die Zeit nach dem Krieg eine neue Verfassung und weitgehende Unabhängigkeit versprechen.

Doch Cripps mußte unverrichteter Dinge wieder zurückreisen. Die indischen Kongreßführer hatten sein Angebot rundherum abgelehnt. Solange England nicht bereit war, auf seine Ansprüche in Indien völlig zu verzichten, solange würde es keine Verträge geben. »Quit India!« (»Verlaßt Indien!«) lautete das Motto der Resolution, die unter Mitwirkung Gandhis im Kongreß erstellt und am 8. August den Engländern übergeben wurde.

Churchill, inzwischen Premierminister, schien auf dieses Ultimatum nur gewartet zu haben. Man weiß heute, daß das Angebot, mit dem er Sir Cripps nach Indien geschickt hatte, ein glatter Täuschungsversuch war. Churchill hatte niemals vorgehabt, das Indien dieses »halbnackten Fakirs« in die Unabhängigkeit zu entlassen. Zugeständnisse, und waren sie noch so klein, hatte er immer abgelehnt und im britischen Unterhaus auf das schärfste bekämpft. Er war ein Mann der Härte.

Am 9. August, nur einen Tag nach Bekanntwerden der Resolution, ließ Churchill eine insgeheim schon längst vorbereitete Polizeiaktion anlaufen und die gesamte Kongreßführung verhaften. Auch Gandhi wurde festgenommen. Allerdings hatte man bei ihm ein besonderes Gefängnis vorgesehen: Zusammen mit seiner Frau wurde er in den scharf bewachten Aga-Khan-Palast von Poona gebracht. Gandhi protestierte, er wollte das Los seiner Gefährten teilen. Doch die Engländer wußten, daß nur mit völliger Isolation der Gefährlichkeit dieses Mannes zu begegnen war.

In seinem luxuriösen Gefängnis, umgeben von Stacheldraht und einem zweifachen Kordon englischer Soldaten, hatte Gandhi keinen Kontakt zu seinen Landsleuten mehr. Er war zur Hilflosigkeit verdammt, während draußen eine Verhaftungswelle nach der anderen durch das Land ging. Seine Stimme erreichte die Inder nicht mehr.

In Indien aber brach nun der Aufstand los. Zu Hunderten, Tausenden rotteten sich in den Großstädten wie Bombay, Delhi und Kalkutta die Menschen zusammen. Von der Gewaltfreiheit, für die Gandhi immer eingetreten war, war nichts mehr zu spüren. Die Menschen stürmten Symbole der britischen Herrschaft: Postämter, Bahnhöfe, Regierungsgebäude und Polizeistationen. Sie zerstörten Eisenbahnlinien, Telefonleitungen und Brücken.

Die Engländer schlugen unerbittlich zurück. Mit Waffengewalt gingen sie gegen die Aufständischen vor, und je mehr sich die Gewalt über das Land ausbreitete, desto gewalttätiger wurde auch die Armee. Schließlich brach unter ihrem beispiellosen Terror der Widerstand zusammen. Zwei Monate nach dem Ausbruch des Aufstandes hatten neunhundert Menschen auf den Straßen ihr Leben gelassen. Sechzigtausend Inder saßen unter härtesten Bedingungen in den Gefängnissen.

26. Haft und Isolation

Für Gandhi brachte seine letzte Haft das schwerste Leid, das ihm in einem Gefängnis widerfahren war.

Schon kurz nachdem er zusammen mit Kasturba und einigen wenigen Anhängern in den Palast gebracht worden war, traf ihn der erste Schlag. Sein Sekretär Mahadev Desai, der ihm im Laufe der Jahre zu einem echten Freund geworden war, erlitt nach wenigen Tagen einen tödlichen Herzanfall. Dieser Tod erschütterte Gandhi tief. Regungslos saß er stundenlang neben der Leiche des fünfundzwanzig Jahre jüngeren Freundes. Tränen liefen über sein Gesicht.

Er hatte immer gedacht, daß Desai eines Tages bei ihm Totenwache halten würde, nun mußte er ihm diesen Dienst erweisen. Gandhi wusch seinen toten Freund, kleidete ihn in ein sauberes Tuch und schmückte ihn mit Blumen. Dann ging er zum Aufseher des Gefängnisses.

»Ich möchte gerne, daß mein Freund hier bestattet wird. Bitte geben Sie die Erlaubnis hierzu!«

Bestattung, das bedeutete nach der Religion der Hindus, daß ein großer Holzstoß errichtet wurde, auf dem die blumengeschmückte Leiche verbrannt werden sollte. Die Gefängnisleitung lehnte den Wunsch Gandhis rundherum ab. Erbitterte Auseinandersetzungen folgten. Endlich gaben die Engländer nach. Im Garten des Aga-Khan-Palastes wurde ein großer Holzstoß aufgeschichtet, Gandhi selbst setzte ihn mit einer Fackel in Brand.

Dann begann der eintönige Alltag der Haft. Anders als sonst gab es für die Gefangenen hier nichts zu tun. Die Tage vergingen qualvoll langsam, durch die angeordnete Nachrichtensperre wußten Gandhi und Kasturba oft erst nach Wochen, was in Indien vorgefallen war. Ein Versuch, diese Kontaktsperre durch eine Fastenaktion zu durchbrechen, schlug fehl. Die Behörden ließen sich nicht erweichen.

Dann wurde Kasturba schwer krank. Sie hatte zusammen mit ihrem Mann gefastet, und ihr geschwächter Körper wurde danach von einer schweren Bronchitis heimgesucht. Als sich ihre Leiden verschlimmerten und schwere Herzanfälle hinzukamen, erreichte Gandhi endlich, daß ein vertrauter Arzt und ihr Sohn Harilal in das Gefängnis gelassen wurden. Doch Kasturba war schon zu schwach geworden, um sich wieder zu erholen. Als sie schließlich jede Nahrung verweigerte und nur noch Wasser aus dem heiligen Fluß Ganges zu trinken wünschte, ahnte Gandi, daß seine Frau sterben würde. Tag und Nacht saß er jetzt an ihrem Bett, befeuchtete ihr die Lippen und kühlte ihr die Stirn.

Am 22. Februar 1944 starb Kasturba. Ihr Herz hatte versagt. Gandhi war fassungslos. Nun, da Kasturba tot war, spürte er, welch große Bedeutung seine Frau für ihn gehabt hatte. Sie, die als verwöhntes Mädchen aus einem wohlhabenden Haus im Alter von dreizehn Jahren mit ihm verheiratet worden war, hatte ihn mehr geprägt, als nach außen sichtbar wurde. Immer im Hintergrund, hatte sie seine Arbeit stets unterstützt. Ohne ihre Hilfe hätte Gandhi kaum die Kraft gehabt, seinen lebenslangen Kampf für ein freies Indien zu überstehen. Aber sie war auch selbst aktiv gewesen. Kasturba hatte die indischen Frauen ermutigt, selbst für ihre Rechte einzutreten und den gewaltfreien Widerstand zu wagen. Und obwohl sie immer im Schatten ihres Mannes gestanden hatte, war sie in Indien bekannt und geliebt gewesen. »Kasturba verdient es, in die Reihen der großen Frauen dieser Welt aufgenommen zu werden«, schrieb K. P. Thomas in einer Biographie über sie. Und Gandhi sagte unter Tränen zu Freunden: »Ihr Tod hinterläßt eine Lücke, die sich nie schließen wird.«

Als die Nachricht von Kasturbas Tod in Indien bekannt wurde, trauerten die Menschen im ganzen Land. Selbst aus dem Ausland trafen Beileidstelegramme ein. Für einen Tag lockerte die britische Regierung sogar die Isolation Gandhis. Einhundertfünfzig Verwandte und Freunde wurden zu der Begräbnisfeier auf das Gelände des Palastes gelassen.

Zum zweiten Mal innerhalb von vierundzwanzig Monaten mußte Gandhi den großen Holzstoß brennen sehen, der einen von ihm geliebten Menschen in Asche verwandeln sollte. Lange saß er an diesem Abend noch im Schatten eines Baumes und erzählte den Trauergästen Geschichten aus dem Leben seiner Frau. Mit einem Schlag war Gandhi alt geworden. Alt und einsam.

27. Die Unabhängigkeit. Mahatma Gandhis Tod

Drei Monate nach dem Tod seiner Frau wurde der Mahatma aus seinem Gefängnis entlassen. Durch immer neue Attacken von Ruhr und Malaria war er so geschwächt, daß die Briten um sein Leben fürchteten. Gandhi fand ein verändertes Indien vor. Der Widerstand war zerschlagen, die Nation zerstritten.

Der Moslemliga war es in den Wirren der letzten Jahre gelungen, ihre Position zu festigen. Die Forderungen, die ihr Vertreter Ali Jinnah jetzt erhob, kamen den Briten gerade recht. Jinnah wollte nicht ein unabhängiges Indien, sondern zwei unabhängige indische Staaten. Er strebte einen separaten Staat an, der nur von Moslems bewohnt werden sollte. Aus den fünf nordwestlichen Provinzen sowie einem Teil von Bengalen sollte der Staat Pakistan werden.

Gandhi war bestürzt über diese Pläne. Noch einmal versuchte er, auf die Geschichte Indiens Einfluß zu nehmen. Eindringlich hielt er in mehreren Gesprächen Jinnah vor Augen, daß eine Teilung Indiens dessen Schwächung bedeuten würde. Die Kluft zwischen Hindus und Moslems war indessen so groß geworden, daß eine Vermittlung nicht mehr möglich war.

Hilflos mußte Gandhi mit ansehen, wie Indien der Zersplitterung entgegentrieb.

»Wenn niemand deinen Ruf erwidert, geh allein.

Wenn sie sich fürchten und stumm gegen die Wand drücken, öffne deinen Geist und sprich allein.

Wenn sie sich abwenden und dich verlassen, wenn du die Wildnis durchschreitest, zertritt die Dornen unter dir, und entlang der blutigen Spur geh allein.

Wenn sie nicht das Licht hochheben in der sturmgepeitschten Nacht, mit der Donnerflamme des Schmerzes entzünde dein eigenes Herz und laß es brennen allein.«

Von dem indischen Dichter Rabindranath Tagore stammt dieses Lied. Wie kaum ein anderes beschreibt es die Situation, in der sich Gandhi 1947 befand.

Indien brannte. Kaum war durch die Bomben auf Hiroshima und Nagasaki der Zweite Weltkrieg auf so schreckliche Weise beendet worden, war der Bürgerkrieg in Indien losgebrochen. Mit einem »Tag der direkten Aktion« hatten die Moslems das blutige Morden in Kalkutta begonnen. Über fünftausend Hindus wurden von aufgepeitschten Fanatikern innerhalb von vier Tagen umgebracht. Ein Aufschrei ging durch das Land. Überall dort, wo die Hindus in der Überzahl waren, begannen sie blutige Rache zu nehmen. Soziale Konflikte und religiöser Eifer entluden sich in Massenmorden, Vergewaltigungen, Brandstiftungen und Plünderungen.

Gandhi beschloß einzugreifen. Er fuhr nach Bengalen, einer Provinz, die zu über achtzig Prozent von Moslems bewohnt war. Angst und Haß schlugen ihm entgegen. Es war die Angst der Hindus, die als Minderheit nun um ihr Leben fürchteten, und der Haß militanter Moslems, die in Gandhi einen Gegner ihrer Pläne sahen, ein unabhängiges Pakistan zu gründen.

Der Mahatma ließ sich von diesem Haß nicht einschüchtern. Unermüdlich sprach der inzwischen 78jährige Greis von Frieden und Verständigung der Religionen. Er ahnte, daß es ohne eine Versöhnung zwischen Moslems und Hindus zu einer Explosion kommen konnte, in der das ganze Land verbrannte. Mit einer unerbittlichen Zähigkeit setzte er sich für diese Versöhnung ein, beschwor er die Hindus, gegen Moslemfanatiker keine Gewalt anzuwenden, und redete den Moslems zu, den Frieden zu bewahren. Ohne Schutz begab er sich auf eine Wanderung durch Moslemdörfer in den unruhigsten Gebieten, barfuß, die Füße von Dornen zerrissen, die Gegner auf seinen Weg gestreut hatten. Selbst als er erschöpft zusammenbrach, gab er nicht auf. Er schleppte sich weiter, um pünktlich abends seine Versammlungen abzuhalten. Gleichgültig, wie viele Menschen kamen, um ihn zu hören, immer rief er aufs neue zur Vernunft und zur Gewaltlosigkeit auf.

Dann kamen die Meldungen aus Bihar, wo Hindus blutige Massaker an Moslems verübten. Gandhi reiste nun in diese Provinz. Wieder hielt er Versammlungen ab, beschwor die Menschen, mit dem Morden aufzuhören und sich mit den Moslems zu verbrüdern.

Doch was nützten die Gelübde, die Tausende auf solchen Versammlungen ablegten? Der Teufelskreis von Gewalt und Gegengewalt war längst geschlossen.

Die Briten hatten es nun eilig, Indien loszuwerden. Bevor das Land im Chaos versank, sollte es eine indische Regierung erhalten. Am 3. Juni 1947 wurde zwischen der britischen Regierung und den Führern der Moslems sowie der Hindus ein Vertrag geschlossen, der die Unabhängigkeit des riesigen Landes vorsah. Am Tag der Unabhängigkeit sollte Indien jedoch geteilt werden. Die Moslems würden den aus zwei Teilen bestehenden Staat Pakistan gründen, das restliche Indien sollte ein Staat der Hindus werden.

Am 15. August war es dann soweit. Beide Staaten erklärten ihre Unabhängigkeit. Eine gigantische Völkerwanderung begann. Über zwölf Millionen Menschen wechselten ihren Wohnsitz. In endlosen Trecks flohen die Hindus aus den Moslemstaaten und die Moslems aus den von Hindus beherrschten Gebieten. Wo immer Vertreter der beiden Religionen aufeinandertrafen, kam es zu grausamen Massakern. Über fünfhunderttausend Menschen ließen dabei ihr Leben. Was Gandhi vorausgeahnt hatte, war eingetreten: Indien ertrank im Blut.

Um die Fanatiker auf beiden Seiten zu beruhigen, fuhr der Mahatma nach Kalkutta, der Stadt, aus der die schwersten Ausschreitungen gemeldet worden waren. Entschlossen verkündete er, daß er keine Nahrung mehr zu sich nehmen würde, bis die Feindseligkeiten eingestellt würden.

Was niemand für möglich gehalten hatte, trat ein. Gandhis Drohung, notfalls bis zum Tode zu fasten, erschreckte Moslems wie Hindus. Schon nach drei Tagen kamen die ersten Abordnungen an Gandhis Bett, durch die Straßen der Stadt wälzten sich Demonstrationen, die zu Frieden und Versöhnung aufriefen. Schließlich unterzeichneten Vertreter beider Parteien einen Vertrag, in dem sie sich für den Frieden in der Stadt verbürgten.

»Brecht ihr den Frieden«, so warnte Gandhi sie, »dann habt ihr mich zum Tode verurteilt. Denn ich werde mein Fasten unverzüglich wieder aufnehmen und nicht beenden, bis ich verhungert bin!«

Gandhi hatte damit seine stärkste Waffe eingesetzt, die er hatte. Vor aller Welt hatte er sein Leben in die Hände der Bürger von Kalkutta gelegt. Konnten sie den Frieden in der Stadt nicht bewahren, dann würden sie vor aller Welt als die Mörder des Mahatma gebrandmarkt sein.

Doch so groß Kalkutta als Stadt auch war, in dem riesigen Indien war es nur ein verschwindend kleiner Fleck. Gandhi reiste weiter, kaum daß er sich wieder etwas erholt hatte. Aus Delhi kamen Schreckensnachrichten. In immer neuen Exzessen wütete hier der religiöse Mob, in den Straßen türmten sich die Leichen. Flüchtlinge aus Pakistan brandeten in die Stadt, draußen vor den Toren warteten Tausende von Moslems auf ihre Evakuierung in eben dieses Land. Die Stimmung in der Stadt war von Haß vergiftet.

Wieder setzte Gandhi seine letzte Waffe ein, die ihm zur Verfügung stand. Am 12. Januar kündigte er ein erneutes Fasten an. Und wieder zeigte sich, wie sehr der Mahatma zum Idol der Massen geworden war.

Als nach dem zweiten Tag deutlich wurde, daß die geschwächte Gesundheit des 78jährigen eine Nahrungsverweigerung nicht lange verkraften würde, brachen die Unruhen zusammen. Spontan bildeten sich Friedensdemonstrationen, beschworen Mitglieder aller Religionen den Greis, sein Fasten zu beenden. Das Wunder von Kalkutta wiederholte sich, die Bewohner von Delhi gelobten Versöhnung. Erleichtert nahm Gandhi seinen ersten Schluck Orangensaft zu sich.

Er ahnte nicht, daß er sich mit diesem letzten und verzweifelten Fasten erbitterte Todfeinde geschaffen hatte. Orthodoxe Moslems sahen in ihm immer noch einen starken und unberechenbaren Feind Pakistans. Die fanatischen Hindus dagegen verziehen ihm nicht, daß er für einen Frieden mit den Moslems Partei ergriff. Ihr Ideal war ein reiner Hindustaat, der nur durch die Vertreibung der Moslems entstehen konnte, und sie ahnten, daß Gandhi sich diesem Ideal widersetzen würde, solange er lebte.

Am 30. Januar, als Gandhi auf dem Weg zu seiner abendlichen Andacht war, bahnte sich ein Mann mit den Ellenbogen einen Weg durch die wartende Menge. Vor Gandhi angekommen, fiel er vor dem Greis auf die Knie, der, gestützt auf zwei Begleiterinnen, abwartend stehenblieb. Blitzschnell riß der knieende Mann eine Pistole aus seiner Kleidung, drei Schüsse krachten, dann sank der Mahatma getroffen zu Boden.

Mit den Worten »He Ram« (O Gott) auf den Lippen starb er inmitten seiner Anhänger.

Nachwort

Die tödlichen Schüsse am 30. Januar 1948 zerstörten nicht nur das Leben eines großen Mannes, sie schufen zugleich auch dessen Legende.

Mohandas Karamchand Gandhi, der große Mahatma, gilt heute weltweit als Idol des gewaltfreien Widerstandes, in den westlichen Industriestaaten sogar noch weit mehr als in seiner Heimat. Ob Umweltschutzorganisationen wie *Greenpeace* oder *Robin Wood*, ob die Blockierer von Mutlangen oder Bürgerinitiativen gegen den Rassismus in Südafrika, für viele Menschen in unserem Land ist das Prinzip des gewaltfreien Widerstandes inzwischen zu einer wichtigen Form der politischen Auseinandersetzung geworden.

Wie kommt es nun, daß Gandhis Name und Weg noch heute, über vierzig Jahre nach seinem Tod, für viele Menschen vor allem im Westen eine solche Bedeutung hat? Gandhis Methode zeugt von einer beeindruckenden Radikalität und einem großen Mut. Hier war ein Mann bereit, für eine Utopie sein eigenes Leben aufs Spiel zu setzen, ohne gleichzeitig zu zerstörerischer Gewalt zu greifen. Und Gewalt, diese Erkenntnis beginnt sich langsam durchzusetzen, ist in der heutigen Zeit sicherlich kein Mittel mehr, Konflikte zu lösen und am Aufbau einer besseren Gesellschaft mitzuwirken.

Der historische Gandhi, das kann nicht oft genug betont werden, schreckte nicht davor zurück, sich die Hände politisch zu beschmutzen. Vor allem jedoch: Seine Aktionen waren stets eingebunden in langfristig angelegte, bis ins kleinste Detail durchgeplante Kampagnen, bei denen der Mahatma sich durchaus der Eigenschaften seines Gegners bewußt war. In einer Tischrede in Madras im Jahre 1915 führte er aus:

»Ich weiß, daß ein Kämpfer des passiven Widerstandes seinen Anspruch unter allen Umständen verwirklichen muß, und ich habe entdeckt, daß das britische Empire hierfür gewisse Ideale bereithält, die mir entgegenkommen. Eines dieser Ideale ist, daß jeder Untertan des Reiches den weitestmöglichen Spielraum hat, sich seinem Gewissen gemäß zu verhalten. Diese Ideale gelten im britischen Empire, aber ich weiß genau, daß sie nicht für jede beliebige andere Regierung gelten . . .«

Gandhi hatte also genau erkannt, daß seine Methode des Widerstandes ihre Grenzen hatte. Nur innerhalb einer Gesellschaft, in der es die Ideale der Demokratie, der Menschenwürde und vor allem der freien Presse gibt, konnte er mit seinen gewaltfreien Aktionen den nötigen moralischen Druck auf die Regierung ausüben. Bewußt benutzte er die liberale Presse, zielte mit seinen Aktionen auf das Gewissen und die Moral der britischen Öffentlichkeit.

Doch in seinem Heimatland Indien hatte er bis zu seinem Tod längst nicht das erreicht, was er sich vorgenommen hatte: Sein politisches Ziel war ein geeintes, unabhängiges Indien gewesen, befreit von den alten Strukturen der Unterdrückung und Ausbeutung. Die Wirklichkeit sah anders aus.

Gandhi wollte einen geeinten Nationalstaat, doch das Land zerfiel in die Staaten Indien, Pakistan und Bangladesch. Er wollte die Verbesserung der sozialen Lage seiner Landsleute, doch noch dreißig Jahre nach seinem Tod hatten die gujaratischen Textilarbeiter eine durchschnittliche Lebenserwartung von nur zweiunddreißig Jahren. Er wollte die Gleichstellung der Unberührbaren. Das Kastenwesen und damit die Unberührbaren gibt es noch heute. Er wollte die Aussöhnung zwischen den Religionen, doch fast wöchentlich lesen wir von Auseinandersetzungen zwischen Hindus, Sikhs und Moslems in dieser Region.

Und die Unabhängigkeit des Landes? Hatte er nicht wenigstens die erstritten? Sicherlich hatte er weltweit mit seiner Kampagne viel Aufsehen erregt, ob dies aber ohne die Folgen des Zweiten Weltkrieges ausgereicht hätte, das mächtige britische Empire in die Knie zu zwingen, ist mehr als fraglich.

Daß Indien in die Unabhängigkeit entlassen wurde, hatte einen ganz anderen Grund: In der zweiten Hälfte unseres Jahrhunderts hatte sich der klassische Kolonialismus schlicht überlebt. Indien war nach dem Zweiten Weltkrieg ein Klotz am Bein der Briten geworden, die Londoner Regierung mußte zuallererst die zerstörte Wirtschaft des Landes wieder aufbauen und brauchte hierfür alle Energien. Zudem: War es nicht besser, an den Handelsbeziehungen mit einem selbständigen Land zu verdienen, ohne den kostspieligen Einsatz von Truppen, die das Land besetzt halten mußten?

Wieviel effektiver und gewinnbringender sind doch die heutigen Formen der Ausbeutung, der billige Einkauf von Rohstoffen etwa, oder die Verschuldung durch Kredite. Von den Hungerlöhnen, die heute noch in indischen Fabriken und auf indischen Feldern bezahlt werden, profitieren eben nicht nur die indischen Großgrundbesitzer und Fabrikanten, sondern eben auch die westlichen Industrienationen.

Nein, ausgerechnet in Indien hatte Gandhi seine Ziele nicht erreicht. Doch war damit auch sein Weg, seine Methode des politischen Kampfes gescheitert? Hätte ein bewaffneter Aufstand mit Tausenden von Toten auf beiden Seiten erfolgreicher sein können? Hätte Gewalt zu einem unabhängigen, geeinten, sozial und religiös gerechten Indien geführt, wie Gandhi es vorschwebte? Darüber kann man nur spekulieren. Ich persönlich habe allerdings meine Zweifel.

Was also war Mahatma Gandhi? Rebell, Prophet, Politiker oder gar ein Heiliger? Vielleicht von allem ein wenig. Wie kaum ein anderer lebte er uns vor, daß gewaltfreier Widerstand möglich und wirksam sein kann. Sein unbeirrtes Festhalten an seinen Zielen, sein politisches Kalkül und nicht zuletzt seine tiefe Religiosität machen Eindruck. Und selbst wenn vieles in seinem Denken und Fühlen eng mit dem Hinduglauben verbunden und damit kaum auf westliche Kultur übertragbar ist, so kann seine Idee der Gewaltfreiheit uns doch zum Nachdenken bewegen. Über uns – und über unsere Zukunft.

Hamburg, im Dezember 1989 *Volker Lange*

Erklärung von Namen, Personen, Begriffen

Ashram: Einsiedelei eines hinduistischen Asketen. Gandhi gründete drei Ashrams: in Ahmedabad, Wardha und Segaon, in denen er mit seiner Frau und einigen Freunden zurückgezogen lebte, dabei aber auch Besuch empfing.

Bengalen: Gebiet im Osten Indiens, hauptsächlich im Bereich des Ganges-Deltas. Größte Stadt ist Kalkutta. Heute ist Bengalen aufgeteilt in den hauptsächlich von Moslems bewohnten östlichen Teil (Bangladesch) und den von Hindus bewohnten westlichen Teil, der zu Indien gehört.

Bhagavadgita: Ein siebenhundert Verse umfassendes Gedicht mit religiösem Inhalt, das den Hindus so heilig ist, daß es dem Neuen Testament der Christen vergleichbar ist. Die Bhagavadgita ist Teil einer der ältesten Heldensagen, der Mahabharata.

Botha, Louis (1862–1919): Erster Premierminister von Transvaal, nicht zu verwechseln mit Pieter Willem Botha, der bis 1989 Premierminister der Südafrikanischen Republik war.

Buren: (Afrikaander), Nachkommen der seit 1653 in Südafrika eingewanderten Weißen, vor allem aus Holland und Deutschland.
Die Buren fühlten sich immer als die rechtmäßigen Herren von Südafrika. Obwohl gegenüber den Farbigen in der Minderheit, halten sie noch heute ihre Vorherrschaft mit Gewalt aufrecht.

Burenkrieg: Grausam geführter Krieg (1899–1902) der Briten gegen die Burenrepubliken Transvaal und Oranje-Freistaat um den Einfluß in Südafrika. Besonders die dortigen Gold- und Diamantenfunde hatten das Land für Großbritannien interessant gemacht.

Buschmänner: Europäische Bezeichnung für das Volk der Saan: kleine, schlanke Ureinwohner, die sich zumeist von Jagen und Sammeln ernähren. Schon vor über zwanzigtausend Jahren schufen die Saan wunderbare vielfarbige Felsmalereien, die ein hohes künstlerisches Verständnis zeigen. Heute leben die Saan überwiegend im Grenzgebiet der Wüste Kalahari.

Chamberlain, Joseph (1836–1914): Britischer Kolonialminister, maßgeblich am Ausbruch des Burenkrieges beteiligt, da er Südafrika stärker an Großbritannien binden wollte.

Commonwealth: Seit 1926 Zusammenschluß selbständiger Länder, meist ehemals britischer Kolonien, die eigenständig geworden waren. Mit dem Commonwealth versuchte London, seinen Einfluß über Wirtschaftsbeziehungen zu erhalten.

Desai, Mahadev: Sekretär und langjähriger Freund Gandhis.

Drakensberge: Hoher Gebirgszug in Südafrika, der die Küste von Natal gegenüber dem nördlichen Teil des Landes (Transvaal) abtrennt.

Gandhi, Mohandas: Geboren am 2. 10. 1869 in Porbandar im indischen Bundesstaat Gujarat als letzter von drei Söhnen. Sein Vater *Karamchand Gandhi* war Diwan (leitender Verwaltungsbeamter) in mehreren kleinen Fürstentümern. Die Mutter, *Putlibai Gandhi*, hatte mit ihrer tiefen Religiosität einen großen Einfluß auf ihren Sohn Mohandas. Mit dreizehn Jahren heiratete der junge Mohandas Gandhi die gleichaltrige *Kasturba Nakanji.* Nach dem Tod des Vaters, 1885, mußte Mohandas' ältester Bruder, *Lakshmidas*, dessen Stelle vertreten und so lange für die Familie sorgen, bis Mohandas selbst genügend Geld verdiente. Dies bedeutete auch, daß Lakshmidas zumindest in der ersten Zeit die vier Söhne von Mohandas und Kasturba finanzieren mußte. *Harilal* (geb. 1888), *Manilal* (geb. 1892), *Ramdas* (geb. 1897) und *Devadas* (geb. 1900).

Im Laufe seiner politischen Arbeit löste sich Mohandas Gandhi völlig von seinem Bruder und der übrigen Familie.

Gokhale, Krishna Gopal: Mitglied des 1885 gegründeten »Indian National Congress« und einer der wichtigsten Anführer der Indischen Unabhängigkeitsbewegung.

Harijan: Die Harijan stehen auf der untersten Stufe des indischen Kastensystems. Sie gelten als »unberührbar« und müssen die sogenannten »unreinen« Tätigkeiten wie das Leeren von Latrinen ausführen. Ein Kontakt mit ihnen wird von Hindus der höheren Kasten als »unrein« abgelehnt.

Als Symbol für seine Sympathie mit den »Unberührbaren« gab Gandhi einer von ihm herausgegebenen Zeitung den Titel ›Harijan‹.

Hinduismus: Religion, die sich im Laufe der Jahrhunderte aus dem Buddhismus entwickelt hat. Der Hinduismus kennt keine geschlossene Lehre, nur einige sehr allgemeine Grundlagen, unter anderem das Kastensystem. Ansonsten hat jede Sekte im Hinduismus ihre eigenen Glaubensregeln. Heute bekennen sich über 450 Millionen Menschen zu dieser Religion.

Hottentotten: Europäische Bezeichnung für die Khoi-khoi. Zusammen mit den Buschmännern stellen sie die Urbevölkerung Südafrikas dar. Die Khoi-khoi sind ein Hirtenvolk mit relativ heller Hautfarbe, auf Grund ihrer von Schnalzlauten durchsetzten Sprache wurden sie von den burischen Siedlern »Hottentotten« genannt.

Indian National Congress: Der INC wurde 1885 als Vertretung der indischen Bevölkerung in dem von den Briten besetzten Land gegründet. Nach 1920 wandelte sich der INC unter Führung Gandhis zunehmend zur Massenpartei. Auch nach der Unabhängigkeit Indiens blieb der INC die größte Partei des Landes.

Kaste: (von portugiesisch »casta«, Rasse, Abkunft, Geschlecht.) Ursprünglich Bezeichnung für eine »unvermischte Rasse«, wurde der Begriff im 16. Jahrhundert von den Portugiesen auf die streng abgegrenzten sozialen Gruppen Indiens übertragen. Die Zugehörigkeit zu einer Kaste kann nur durch Geburt erworben und nicht verändert werden. Von den Brahmanen bis zu den Harijan sind zirka dreitausend Kasten und Unterkasten durch komplizierte Regeln voneinander getrennt.

Kontraktarbeiter: Arbeiter in Südafrika, meist Inder oder Schwarze, die nur mit Hilfe eines sogenannten »Arbeitskontraktes« eine Arbeitserlaubnis und später sogar eine Aufenthaltserlaubnis erhielten. Diese Kontrakte waren auf höchstens fünf Jahre begrenzt, die Arbeiter waren während dieser Zeit fast völlig rechtlos. Auch heute noch gibt es in Südafrika Kontraktarbeiter. Schwarze, die in weißen Wohngebieten arbeiten wollen, müssen noch heute einen gültigen Arbeitskontrakt vorlegen.

Kronkolonie: Im britischen Empire wurden die von einem Gouverneur verwalteten ausländischen Gebiete ohne volle Selbstregierung als Kronkolonie bezeichnet, da alle Gesetze und Gesetzesvorhaben zuerst in London dem König bzw. der Königin vorgelegt werden mußten, bevor sie in Kraft treten konnten.

Krüger, Paul (1825–1904): Genannt »Ohm« Krüger. Nahm als Kind am großen Burentreck nach Natal teil. Krüger wurde später Präsident der Burenrepublik Transvaal und Führer im Burenkrieg gegen die Engländer. Noch heute erinnern der Krügernationalpark in Transvaal und die Goldmünze »Krügerrand« an ihn.

Mahabharata: Siehe Bhagavadgita.

Mahatma: Indisch: Große Seele. Ehrentitel für Gandhi.

Natal: Im Osten, am Indischen Ozean gelegene, kleinste und am dichtesten besiedelte Provinz der Südafrikanischen Union. Bis 1910 war Natal britische Kronkolonie.

Nehru, Jawaharlal (1889–1964): Enger Vertrauter Gandhis, 1947 bis 1964 Premierminister Indiens.

Oranje-Freistaat: Südafrikanische Provinz, 1854 als »Zweite freie Burenrepublik« gegründet.

Paria: Siehe »Harijan«.

Pathanen: Volk im Norden Indiens, das heute zumeist in Pakistan und Afghanistan lebt. Eine 1893 von den Briten erzwungene Grenze zwischen Afghanistan und Indien teilte auch das Volk der Pathanen. Bis heute gibt es Bestrebungen, diese Grenze wieder zu beseitigen und ein vereinigtes Paschtunistan zu schaffen.

Für die Inder galten die Pathanen immer als wildes, unberechenbares »Volk aus dem Norden«.

Satyagraha: Gewaltfreie Widerstandsform Mahatma Gandhis, entwickelt im Kampf gegen die Unterdrückung der Inder durch die Buren in Südafrika. (Vergleiche Seite 80 ff.)

Smuts, Jan Christian (1870–1950): Berater von Ohm *Krüger*, Oberbefehlshaber der Kap-Buren im Burenkrieg gegen England und mehrmals Ministerpräsident der Südafrikanischen Union.

Südafrikanische Union: Nachdem die Briten den Burenkrieg gewonnen hatten, suchten sie einen Ausgleich mit den Buren. Nach langen Verhandlungen wurden die beiden britischen Provinzen (Natal, Kap) und die beiden Burenstaaten (Oranje-Freistaat, Transvaal) zur Südafrikanischen Union zusammengeschlossen (1910) und erhielten volle Selbstregierung, allerdings mit Bindung an Großbritannien. Erst 1931 erhielt Südafrika die völlige Unabhängigkeit. 1961 trat die Regierung in Pretoria endgültig aus dem Commonwealth aus, der Staat heißt seit diesem Zeitpunkt »Südafrikanische Republik«.

Tagore, Rabindranath (1861–1941): Indischer Dichter und Philosoph, trat entschieden für sozialen Ausgleich und gegen das Kastenwesen ein und spielte eine führende Rolle im Widerstand gegen Fremdherrschaft. Tagore beeinflußte mit seiner tiefen Menschlichkeit Gandhis Entwicklung in hohem Maße.

Tamilen: Volk in Südindien und auf Sri Lanka. Die Tamilen sind im wesentlichen Hindus, allerdings gibt es auch Christen und Muslime unter ihnen. Inzwischen sehen sich die Tamilen besonders auf Sri Lanka starken Verfolgungen ausgesetzt, da sie einen eigenen Tamilenstaat fordern.

Tolstoi, Lew Nikolajewitsch (1828–1910): Russischer Graf, der sich vor allem als Schriftsteller einen Namen machte. Die Suche nach einer absoluten Wahrheit und dem Sinn des Daseins ließ Tolstoi in immer größeren Konflikt mit der russischen Gesellschaft geraten. Er war stark vom Urchristentum geprägt und trat für unbedingte Gewaltlosigkeit ein. Noch im hohen Alter löste er sich von seinem Besitz und seiner Familie, um in Einsamkeit und Bedürfnislosigkeit zu leben. Gandhi, der von Tolstoi stark beeindruckt war, stand mit ihm zeitweise im Briefwechsel.

Transvaal: Seit 1884 war Transvaal selbständige Burenrepublik, entstanden als Zusammenschluß kleiner Burenstaaten. Die wirtschaftliche Bedeutung Transvaals, die auch zum Ausbruch des Burenkrieges beitrug, beruht auf seinen Bodenschätzen, unter anderem Gold, Platin, Diamanten und Uran. Die Hauptstadt von Transvaal, Pretoria, wurde später zur Hauptstadt der Republik Südafrika.

Weitere Tips und Informationen gibt es beim
Gandhi-Informations-Zentrum
Lübecker Str. 44/Postfach 21 01 09
1000 Berlin 21
Tel.: 030/3 94 14 20